Quinze paraboles
tournées vers l'essentiel

Du même auteur

Dieu en plein cœur, Presses de la Renaissance, 2008.

Père René-Luc

Quinze paraboles tournées vers l'essentiel

PLON
www.plon.fr

12, avenue d'Italie
75013 Paris
Tél. : 01 44 16 09 00
Fax : 01 44 16 09 01
www.plon.fr

Mise en pages : IGS-CP
Dépôt légal : novembre 2018
ISBN : 978-2-259-26471-6

PRÉFACE

En 2006, le journaliste Luc Adrian m'a demandé de mettre par écrit mon témoignage. Dans un premier temps, j'ai refusé. Mais ensuite, j'ai discerné avec mon père spirituel que cet appel venait de Dieu. Le livre *Dieu en plein cœur* est donc paru en 2008. Je ne m'attendais pas à une telle diffusion. Il a été réédité à de nombreuses reprises et il continue de se vendre. Il a été traduit dans plusieurs langues. Tous les jours, je reçois des messages de personnes qui ont trouvé dans la lecture de ce livre un véritable réconfort pour leur propre chemin de foi. Ce témoignage a poussé certains à poser des actes incroyables comme cette fille de 17 ans qui s'est mise à la recherche de son père et qui l'a retrouvé, ou au contraire cette mère qui avait abandonné son enfant trente ans auparavant et qui est allée lui demander pardon. Beaucoup de non croyants ont lu et apprécié ce récit, et cela me procure une grande joie. Il a aussi encouragé plusieurs jeunes à répondre à l'appel au sacerdoce. Les droits d'auteur sont d'ailleurs intégralement reversés aux séminaristes.

Depuis, des lecteurs et plusieurs éditeurs m'ont demandé d'écrire un nouveau livre, mais ce n'était pas le moment. Le premier livre a été écrit comme une réponse à un appel particulier, je voulais qu'il en soit de même pour le second.

Cet appel est arrivé en 2017. Nous prenions notre dernier repas de l'année avec les jeunes de CapMissio, l'école de mission diocésaine de Montpellier que j'ai fondée avec Mgr Pierre-Marie Carré. Emmanuelle, la benjamine, me regarde avec ses yeux noisette pétillants et m'interpelle :

— René-Luc, tu devrais écrire un nouveau livre !

— Ah bon ? Et sur quoi ?

— Sur tes paraboles. Elles nous aident beaucoup en mission. Bien sûr, elles sont sur YouTube, mais si tu les mettais par écrit, ça serait plus facile pour nous de les transmettre.

Dans ses prédications, Jésus utilise souvent des paraboles lorsqu'il enseigne. Pour expliquer par exemple comment la foi grandit dans nos vies, il la compare avec la graine semée par le semeur dans un champ. La graine de la foi est confrontée à toutes sortes d'épreuves : les oiseaux, les pierres, les ronces… (Mt 13). J'aime beaucoup cette pédagogie de Jésus qui fait passer des messages puissants avec un langage simple. J'ai essayé dès le début de mes prédications d'utiliser moi aussi des métaphores modernes, fortement encouragé par ce proverbe chinois : « Une image vaut mieux que mille mots. » Lorsque je dois faire un enseignement sur un sujet précis, notamment pour les jeunes, je prie longuement en silence et je demande à Jésus : « Donne-moi une image pour leur faire comprendre. » C'est ainsi que, petit à petit, j'ai construit un petit répertoire de paraboles. Les jeunes de CapMissio les connaissent bien à force de les entendre.

Avec Emmanuelle, ils m'ont donc tous encouragé à écrire ce nouveau livre. J'ai senti que c'était le moment, dix ans après le premier.

Chaque parabole est introduite par un ou plusieurs faits vécus. Certains sont des événements déjà racontés dans mon premier livre, la plupart sont un peu comme une suite. Ces passages de vie mettent en lumière l'objectif de ces paraboles qui est de répondre à des questions concrètes de la vie.

1

La parabole de la porte du cœur ou comment rencontrer Dieu ?

Le 19 mars 1981, j'ai 14 ans et je viens écouter le témoignage de Nicky Cruz dans le palais des sports René-Bougnol à Montpellier. Nicky est américain. Il n'a pas été élevé dans la foi, bien au contraire. Il a grandi dans le Bronx à New York. Un jour, il a vécu une expérience spirituelle qui a changé sa vie et depuis il parcourt le monde pour témoigner de sa foi et proposer au plus grand nombre d'ouvrir leur cœur à l'amour de Dieu.

Ce soir-là, j'ai moi-même fait cette rencontre personnelle de l'amour de Dieu. Je ne connaissais pas mon père, et mon beau-père gangster venait de se suicider devant moi d'une balle en plein cœur[1]. Les paroles de Nicky m'ont rejoint. Si lui a pu s'en sortir, je le peux moi aussi. À la fin de son témoignage,

1. Voir père René-Luc, *Dieu en plein cœur*, Presses de la Renaissance, 2008, p. 67.

Nicky nous invite à faire une démarche, à venir devant le podium. J'aurais pu rester assis à ma place mais je réponds à cet appel. Je m'approche et je ressens physiquement cet amour de Dieu pour moi en cet instant précis. Moi, l'adolescent un peu perdu, j'ouvre mon cœur. Dieu y entre et, depuis, il n'en est jamais ressorti.

Lorsqu'à mon tour je témoigne de cette rencontre personnelle du Christ un peu partout dans le monde, je rencontre parfois des personnes dubitatives. Soit parce que, pour certains, Dieu est une réalité tellement éloignée de leur vie qu'ils ne voient pas comment en faire un ami. Ou bien, Dieu est présent dans leur vie depuis leur enfance par leur éducation, mais cela reste au niveau du concept. C'est difficile pour eux de vivre en relation à Dieu comme avec un véritable ami.

En 2003, le pape Jean-Paul II a donné un message très fort aux jeunes, intitulé : « Voici ta Mère. » Il écrivait ceci : « Rencontrer Jésus, l'aimer et le faire aimer : telle est la vocation chrétienne[1]. » Cette phrase est devenue la devise de CapMissio. Tout est dit dans ces quelques mots. Car tout part d'abord de la rencontre avec le Christ.

1. Message du pape Jean-Paul II aux jeunes du monde entier le 8 mars 2003.

Le rencontrer

Depuis quelques années, je fais partie de l'équipe des prédicateurs de la messe télévisée le dimanche matin sur France 2. C'est un beau challenge car il faut à la fois s'adresser aux spectateurs habituels de cette messe et, en même temps, essayer d'accrocher la personne qui est plus loin de l'Église mais qui a laissé la télé allumée tout en vaquant à ses occupations. En juin 2016, j'ai voulu reprendre cette devise de Jean-Paul II et j'ai donc commencé mon homélie avec cette accroche :

« En cette période de l'Euro, je voudrais vous poser une question : connaissez-vous Didier Deschamps ? Je suppose que la plupart d'entre vous me répondront : “Oui, je le connais, c'est l'entraîneur de l'équipe de France !” Vous le connaissez, mais l'avez-vous rencontré ? Est-ce que vous avez déjà parlé avec lui, est-ce que vous avez pu prendre un repas avec lui ? Il en est de même avec Jésus, beaucoup en France le connaissent mais ne l'ont pas vraiment rencontré, ils n'ont pas établi une relation personnelle avec lui. »

Cette petite introduction avait fait le buzz sur la Toile. Les journalistes étaient apparemment ravis qu'un prêtre cite Didier Deschamps dans une homélie. Mais le raisonnement est plus sérieux qu'il ne paraît. Si tous les chrétiens français faisaient une rencontre personnelle avec le Christ, nul doute que notre Église changerait très vite.

Comment se passe cette rencontre avec le Christ ? Pour certains, c'est un événement bien précis, une conversion à la saint Paul lors d'une veillée témoignage, ou lors d'un rassemblement aux JMJ[1] avec le pape par exemple, un séjour à Paray-le-Monial ou à Taizé. D'autres ne vont pas identifier un instant précis. Mais tous peuvent dire que Jésus est leur ami.

L'aimer

Lorsqu'on a vraiment rencontré le Christ, logiquement, on a envie de faire ce qu'il faut pour l'aimer. Ce n'est pas simple d'aborder cette étape de l'amour. Il faut pour cela renoncer à tout ce qui nous empêche de l'aimer. Imaginons un jeune qui rentre d'un temps fort comme par exemple les JMJ. Il a expérimenté à un moment précis, lors de la veillée avec le pape par exemple, que Jésus lui a parlé par ses frères ou par un texte de la Parole de Dieu. Mais de retour chez lui, il n'arrive pas à prendre les moyens d'entretenir cette rencontre. Il ne se décide pas à lire la Parole de Dieu tous les jours, à rejoindre un groupe d'amis chrétiens, à renoncer à certaines

1. Journées mondiales de la jeunesse.

mauvaises habitudes, et bien qu'il ait vraiment fait cette rencontre, il en reste là. Il n'arrive pas à aimer Jésus.

Le faire aimer

Pour savoir si on aime Jésus, il y a des signes qui ne trompent pas : un amour de la Parole de Dieu, une joie de fréquenter les sacrements notamment la messe et la confession, un besoin de ne pas vivre sa foi seul dans son coin, mais de la vivre avec des frères et sœurs, une attention pour le prochain et notamment les plus pauvres. Et surtout, le désir de le faire aimer. Ce dernier point est un excellent repère pour savoir si on aime vraiment Jésus. Si on l'aime, on a envie de le faire aimer !

Dix ans après le message de Jean-Paul II, en 2013, dans le premier texte de son pontificat, *La Joie de l'Évangile*, le pape François nous invite à demander ou à renouveler cette rencontre personnelle avec Jésus Sauveur.

« J'invite chaque chrétien, en quelque lieu et situation où il se trouve, à renouveler aujourd'hui même sa rencontre personnelle avec Jésus-Christ ou, au moins, à prendre la décision de se laisser rencontrer par lui, de le chercher chaque jour sans cesse.

Il n'y a pas de motif pour lequel quelqu'un puisse penser que cette invitation n'est pas pour lui, parce que personne n'est exclu de la joie que nous apporte le Seigneur.

Celui qui risque, le Seigneur ne le déçoit pas, et quand quelqu'un fait un petit pas vers Jésus, il découvre que celui-ci attendait déjà sa venue à bras ouverts[1]. »

Chose étonnante en plein milieu d'un texte pontifical, le pape nous propose d'arrêter notre lecture pour faire une prière afin de faire l'expérience de cette rencontre personnelle :

« C'est le moment pour dire à Jésus-Christ : "Seigneur, je me suis laissé tromper de mille manières, j'ai fui ton amour, cependant je suis ici une fois encore pour renouveler mon alliance avec toi. J'ai besoin de toi. Rachète-moi de nouveau, Seigneur, accepte-moi encore une fois entre tes bras rédempteurs." Cela nous fait tant de bien de revenir à Lui quand nous nous sommes perdus[2] ! »

La parabole de la porte du cœur

Le processus de la rencontre avec Dieu n'est pas simple. Malgré les témoignages reçus, malgré les exhortations des papes, parfois, on se trouve comme devant un mur. Peut-être y a-t-il des raisons à ce

---

1. Pape François, *La Joie de l'Évangile*, n° 3, Éditions Téqui, 2013.

2. *Ibid.*

blocage ? C'est ce que je voudrais vous expliquer avec cette parabole de la porte du cœur.

J'ai entendu un prédicateur raconter cette parabole lors d'une mission en Angleterre en 2002 dans un rassemblement de jeunes et je lui ai rajouté une petite touche personnelle.

Dans le dernier livre de la Bible, le Livre de l'Apocalypse, il est écrit :
« Voici, dit le Seigneur : Je me tiens à la porte et je frappe, celui qui entend ma voix et qui ouvre, j'entrerai chez lui... Lui sera près de moi et moi près de lui... » (Ap 3,21).

Un artiste peintre anglais, William Holman Hunt, a voulu illustrer ce verset dans un tableau qui s'intitule *Light of the World*, mais qui est plus connu sous le nom de *Jesus at the Door*. Daté de 1854, ce tableau est conservé à la basilique Saint-Paul de Londres.

En 2009, j'ai demandé à un ami peintre, Jean-Pierre Kolasinski, de faire un tableau qui s'en inspire en y rajoutant quelques détails. Je l'ai appelé le tableau de *La Porte du cœur*[1].

---

1. Voir le tableau sur mon blog www.dieuenpleincœur.com

La porte reste fermée

On y voit Jésus qui frappe à la porte d'une maison. « Voici, dit le Seigneur, je me tiens à la porte et je frappe. » La maison représente chacune de nos vies, la porte est celle de notre cœur. Dans un premier temps, on a l'impression que la maison est abandonnée tellement il y a de mauvaises herbes devant la porte, des ronces et du lierre qui tombe du toit. Pourtant, cette maison est habitée, on y voit de la lumière à l'intérieur. Visiblement la porte qui donne sur le Christ n'a pas été ouverte depuis très longtemps. Peut-être que d'autres portes qui donnent sur la rue ont été ouvertes. De belles portes comme celles de l'art, du sport, du partage. D'autres moins belles comme celles de l'égoïsme, de la recherche de l'argent, de la jalousie. Peu importe, ce qui compte pour nous, c'est que la porte qui donne sur la vie spirituelle n'a pas été ouverte depuis longtemps.

Jésus ne se décourage pas, il continue de frapper légèrement. Il nous prend à témoin. Son regard semble nous demander : « Vous croyez qu'il va m'ouvrir ? »

Les tours de clé

Sur la porte, j'ai demandé à l'artiste peintre de rajouter un trou de serrure. Peut-être qu'elle est fermée à clé. Tant d'hommes et de femmes ont verrouillé leur cœur. Un tour de clé parce que mes parents se sont séparés. Un tour de clé parce que la seule personne qui me parlait de Dieu, ma grand-mère, est décédée malgré mes prières d'enfant. Un tour de clé à cause d'une épreuve, de la maladie, d'un échec scolaire ou professionnel. Un tour de clé parce que celle ou celui que j'aimais m'a quitté. Un tour de clé parce que Dieu semble devenu sourd à mes prières. Un tour de clé parce qu'Il semble bien impuissant face au scandale du mal. Un tour de clé parce qu'après tout, c'est plus commode de vivre comme si Dieu n'était pas là.

Il faut donc identifier les éventuels tours de clé qui ont pu, peut-être même à notre insu, nous inciter à ignorer les appels de Dieu. Identifier ces raisons, c'est déjà faire un tour de clé dans l'autre sens, c'est déjà commencer à s'ouvrir.

La poignée est de ton côté

Sur le tableau, il y a un autre détail surprenant. Il figure déjà sur le tableau original de William Hunt. Il n'y a pas de poignée sur la porte. Pourtant, il doit bien y en avoir une, sinon ce serait une porte murée. En fait, la poignée est à l'intérieur... Elle est de notre côté ! C'est ainsi que Jésus agit avec chacun de nous : Il frappe à la porte de notre cœur, mais Il ne mettra jamais lui-même la main sur la poignée pour ouvrir.

Il n'est pas du tout du genre à enfoncer les portes. Il est délicat, pleinement respectueux de notre liberté. C'est à nous de L'entendre, c'est à nous de Lui ouvrir. Le « toc-toc » du bon Dieu se manifeste dans nos vies de bien des manières : un simple paysage, une rencontre, un témoignage, un livre, un film, un événement joyeux ou au contraire un événement douloureux... Si nous entendons Sa voix, il suffit de Lui ouvrir et de Lui dire : « Viens, Seigneur, demeurer chez moi... »

Dieu ne tardera pas à se manifester dans vos vies. Les hommes mettent beaucoup de temps à Lui ouvrir, mais lorsque c'est nous qui frappons sincèrement à sa porte, Il ne tarde pas à nous ouvrir son cœur, fidèle à sa propre Parole : « Cherchez et vous trouverez, frappez et on vous ouvrira ! » (Mat 7,7).

2

La parabole du phare ou comment discerner son propre chemin de vie ?

Qu'est-ce que je dois faire de ma vie ? Quel est mon avenir ? Quel est le meilleur métier pour moi ? Qui sera mon futur compagnon ou ma future compagne ? Celle ou celui avec qui je passerai tout le reste de ma vie, ce n'est pas rien ! Il s'agit de bien choisir. Est-ce que Dieu a un plan particulier pour moi ? Est-ce qu'Il compte sur moi pour que je le serve d'une manière spéciale ?

Ces questions concernant notre avenir sont particulièrement importantes lorsque nous sommes jeunes. Mais elles ne disparaissent pas avec le temps, bien au contraire, nous devons refaire des choix tout au long de notre vie : nouvelle orientation professionnelle, nouvelle situation familiale, nouvel appel dans l'appel.

Enfant, j'ai d'abord voulu être président de la République. Je me disais : « Comme ça, au moins, ma mère n'aura plus de problèmes ! » Mais lorsque je me suis rendu compte qu'on ne restait pas président à vie, j'ai renoncé à ce projet. Vers 8 ou 9 ans, revirement : j'ai décidé que je serais berger. Nous allions à cette époque rendre visite à un ami qui gardait un grand troupeau de brebis en Camargue, je trouvais ça apaisant et beau. Et puis, un peu plus tard, il y a eu la période avec Martial, ce gangster qui a vécu avec ma mère pendant quatre ans. Parfois, son avocat passait à la maison. J'avais donc décidé que je serais avocat, car ça me permettrait d'une certaine manière d'être à la fois du côté des bons et des méchants, du moins c'était mon ressenti. Ce projet est resté ancré en moi jusqu'au moment de ma conversion.

Après ma conversion, la question du métier est passée au second plan. Ce qui m'importait alors, c'était de devenir un bon chrétien. Très basiquement, j'apprenais les prières que je ne connaissais pas : le Je confesse à Dieu, le Credo…

Quelques mois plus tard, en avril-mai 1981, j'ai demandé à mes amis de mon groupe de prière de prier pour moi car je traversais une période difficile, notamment en ce qui concernait la chasteté. Je leur ai donc demandé « la prière des frères ». Cette forme de prière est très répandue dans le mouvement du Renouveau charismatique. Lorsque quelqu'un a une intention particulière, il se met à genoux et ses frères l'entourent en posant leur main sur l'épaule. Cette tradition vient de l'Enseignement de Jésus lui-même qui invite à se rassembler pour intercéder : « Si deux d'entre vous s'accordent sur la terre pour demander quoi que ce soit, cela leur sera donné par mon Père qui est dans les cieux. Car là où deux ou trois sont assemblés en mon nom, je suis au milieu d'eux » (Mat 18,19).

À plusieurs reprises dans son ministère, Jésus a aussi imposé les mains aux malades et il a invité ses disciples à poursuivre ce geste : « Voici les miracles qui accompagneront ceux qui auront cru : en mon nom, ils chasseront les démons, ils imposeront les mains aux malades, et les malades seront guéris » (Marc, 16,17-18). Cette pratique s'est répandue dans l'Église primitive comme on peut le lire dans les Actes des Apôtres : « Le père de Publius était au lit atteint de fièvre et de dysenterie. Paul est allé le voir, il a prié, lui a imposé les mains et lui a rendu la santé » (Ac 28,7).

Ce jour-là, nous allons dans un petit oratoire, et je me mets à genoux devant le tabernacle. Mes amis m'entourent. Certains ont posé leur main sur mes épaules. Ils prient avec intensité, avec ferveur. L'un d'eux se saisit de la Bible, qu'il ouvre au hasard. Il me lit le texte qu'il a « reçu ». Il s'agit de la fin de l'Évangile de saint Jean, où Jésus ressuscité demande par trois fois à Pierre s'il l'aime. Pierre est vraiment mal, il vient de renier le Christ par trois fois. Pourtant, il n'hésite pas à répondre : « Seigneur, tu sais tout, tu sais bien que je t'aime. » Et par trois fois, Jésus lui confie la charge de s'occuper de ses brebis.

Ce texte du chapitre XXI de l'Évangile de saint Jean est souvent lu lors des ordinations sacerdotales, mais je ne le savais pas. Parmi nous, il y a un prêtre. À la fin de la prière, alors que nous sortons de l'oratoire, il me prend à part :

— René-Luc, as-tu déjà pensé à devenir prêtre ?

— Oui, je me suis déjà posé la question, mais je ne sais pas… Avec tout mon passé, je ne sais pas si Jésus peut appeler quelqu'un comme moi. Pourquoi me demandes-tu ça ?

— Eh bien, pendant la prière, je ressentais dans mon cœur que Jésus t'appelait à la prêtrise. Et lorsque j'ai entendu le texte qui t'a été donné, j'ai pris ça pour une confirmation. Ce texte, c'est l'envoi officiel de Pierre comme prêtre. Voilà, je te le partage tout simplement, mais bien sûr, cela ne t'engage à rien.

J'avais demandé la prière parce que je me sentais indigne, et voilà qu'en retour, je recevais comme un appel de Jésus à le suivre en étant prêtre ! Pour moi, c'est devenu une évidence, il m'appelait et j'ai dit : me voici !

À partir de ce moment-là, en troisième, seconde, première et terminale, lorsque nous devions indiquer nos choix pour notre avenir, j'écrivais tout simplement « prêtre ». Souvent, les profs me demandaient, étonnés : « Tu es sûr ? »

Après mon bac, je voulais entrer directement au séminaire mais mon accompagnateur spirituel m'a demandé de prendre une année pour vérifier cet appel reçu si jeune. J'ai donc travaillé pendant un an dans une petite entreprise qui produisait des cassettes religieuses. À l'issue de cette année de maturation, l'appel était toujours là, même plus fort que jamais. Je suis donc rentré au séminaire à 20 ans en septembre 1986, et j'ai été ordonné prêtre à 27 ans, le 26 juin 1994.

Je me suis rendu compte avec amusement que ma vocation sacerdotale est une sorte de croisement entre les trois métiers de ma jeunesse : « président » parce que le prêtre préside l'eucharistie, « berger » des brebis que le Seigneur lui confie, « avocat » du bon Dieu, dont les affaires ne cessent d'être portées devant tous les tribunaux de la planète.

La parabole du phare

Pendant toutes mes années de sacerdoce, je suis souvent confronté à cette inquiétude, notamment des jeunes, concernant leur avenir. Ce n'est jamais facile d'accompagner un jeune dans cette étape particulière. Le plus important, c'est d'être en mouvement, de ne pas attendre que les réponses tombent du ciel ! C'est ainsi que m'est venue la parabole du phare, ou comment discerner son propre chemin de vie.

Dans le brouillard

Lorsque nous cherchons une réponse pour notre avenir, nous sommes un peu comme un bateau plongé dans le brouillard ou dans la nuit. Pour nous diriger, nous rêvons de découvrir un phare sur la côte qui nous indique la bonne direction : ça y est, je sais où aller pour arriver à bon port ! Il ne me reste plus qu'à suivre la lumière, tout est clair !

Pédaler

Mais Dieu ne fonctionne jamais comme ça, ou du moins très rarement. Il nous donne un phare, oui, mais c'est un phare… de vélo ! Il ne vous donne pas une lumière au loin vers laquelle vous diriger, mais une petite lumière sur votre vélo, qui éclaire à peine les quelques mètres devant vous, à condition que vous pédaliez. En effet, la lumière du phare de vélo se faisait autrefois par l'action de la dynamo qui frottait la roue. Aujourd'hui, il y a des phares avec des piles électriques, mais j'espère que les plus jeunes comprendront quand même l'image. Si vous vous arrêtez de pédaler, d'avancer, la dynamo s'arrête de fonctionner et vous n'avez plus de lumière.

C'est vrai pour toutes les choses de la vie. Si les jeunes attendent d'être certains de leur futur métier pour se décider à travailler à l'école, ils sont plutôt mal partis.

Si c'est vrai pour les choses de la vie, c'est vrai aussi pour notre vie avec Dieu. Il nous donne sa lumière au jour le jour, « à chaque jour suffit sa peine », nous dit Jésus en Sa Parole (Mt 6,34).

N'attendons pas demain pour faire ce que nous pouvons faire aujourd'hui. Nous ne savons pas encore ce que le Seigneur prévoit pour nous dans l'avenir, mais nous savons déjà ce qu'il attend de nous aujourd'hui : la fidélité à la vie de prière, la lecture de sa Parole, la fréquentation régulière de la messe, partager des moments de communion avec des frères, être attentif aux plus pauvres... N'attendons pas les grandes révélations pour nous mettre en route dès aujourd'hui ! C'est en avançant jour après jour que les grandes orientations de notre vie vont se dégager.

Le chemin s'éclaire

Je suis originaire de la Camargue. Là-bas, à Beauduc, il y a une immense plage de sable dur où les gens font du char à voile ou du vélo. Il y a donc des traces de roues dans tous les sens.

Au début de notre vie avec Dieu, nous pédalons sans trop comprendre quel est notre chemin précis. Autour de nous, des traces partent dans tous les sens. Tant de propositions sont possibles. Nous ne savons pas quelle piste suivre. Ce n'est pas grave ! Il faut continuer d'avancer, de pédaler.

Toujours sur cette plage de Camargue, il y a des pistes qui traversent les dunes et qui débouchent sur une petite route aménagée : « la digue à la mer ». Et de la digue à la mer partent des petits sentiers dans les terres à travers les marais.

Il en est de même pour notre vocation, il faut continuer d'avancer fidèlement parce qu'à un moment donné, nous allons nous trouver sur un chemin. Peut-être que ce ne sera pas encore le bon, dans ce cas, il suffira de faire demi-tour et de prendre un autre chemin. Et ainsi, de chemins en chemins, nous allons découvrir un sentier plus étroit. Et ça y est, nous nous y sentirons bien, nous aurons trouvé notre chemin de vie, notre vocation !

Sa volonté

Lorsque, après de nombreux tâtonnements, le chrétien expérimente qu'il a désormais ajusté sa vie à la volonté de Dieu, il en ressent une joie toute particulière. La joie de devenir un véritable membre de la famille de Jésus : « Celui qui fait la volonté de Dieu, celui-là est mon propre frère ! » (Mc 3,35).

Cet ajustement à la volonté de Dieu sur nos vies doit se refaire souvent, parfois jusqu'aux derniers instants. Pensons à Jésus quelques heures avant sa mort. À Gethsémani, il prie son père en lui disant : « Père, si tu le veux que cette coupe s'éloigne de moi. Mais non pas ce que je veux, mais ce que tu veux… » (Lc 22,42).

Personnellement je refais souvent cette prière toute simple : « Non pas ce que je veux, mais ce que tu veux. »

C'est ce que nous disons tous chaque jour lorsque

nous prions le Notre Père : « Que Ta volonté soit faite sur la terre comme au ciel », dans ma vie (Mt 6,10).

Alors pédalons avec courage sur notre chemin dc vie !

3

La parabole des étoiles ou comment reconnaître les signes de Dieu ?

Certaines coïncidences tordent le cou au hasard. Lorsque les sceptiques n'y voient qu'un concours de circonstances, le croyant y voit une action de la Providence, l'empreinte de Dieu. Le hasard n'est-il pas le moyen que Dieu utilise pour agir en secret ?

Il ne faut pas voir des signes de Dieu partout, mais il me semble que plus on compte sur Lui, plus on Lui permet d'agir. Comme le dit si bien l'apôtre saint Jacques : « Approche-toi de Dieu et Dieu s'approchera de toi » (Jc 4, 8).

Dans ma vie, j'ai eu plusieurs fois la conviction que Dieu a agi à tel ou tel moment. J'ai eu en particulier plusieurs signes étonnants concernant la rencontre de mon père, ce père inconnu que j'ai vu pour la première fois lorsque j'avais 19 ans.

J'ai expliqué plus en détail dans mon livre précédent comment, pendant des années, j'ai cru que j'avais le même père que mes sœurs. C'est seulement à l'âge de 13 ans que j'ai appris ma véritable histoire.

Mon père est allemand. Très jeune, il s'est engagé dans la Légion étrangère. Après sa sortie, il aimait retourner régulièrement à la caserne de Marseille pour y retrouver ses camarades de régiment. Lors d'une de ses virées dans le sud de la France, il s'est arrêté chez ma mère, dans son mas en Camargue. Elle était en plein divorce, seule avec mes deux grands frères. Elle avait 22 ans, Gunter 32. Grand, blond, bronzé, il n'a pas eu de mal à entamer une relation avec elle. Au bout de trois mois, ils décident de partir en Allemagne, ma mère veut tourner une page, refaire sa vie avec cet aventurier. Mais arrivé dans son pays, Gunter se trouve confronté à son vieux démon, l'alcool. La situation est difficile, ils décident de se séparer d'un commun accord. Arrivée en France, ma mère s'aperçoit quelques semaines plus tard qu'elle est enceinte. Elle en avertit Gunter qui ne fait rien de particulier, il n'est pas capable d'assumer.

Ma mère m'explique donc mes origines lorsque j'ai 13 ans et, un an après, je fais la rencontre du Christ qui change ma vie. Au mois de juin 1980, je pars à Lourdes pour y faire mon premier pèlerinage. Un soir devant la grotte, à genoux devant la pyramide de bougies, je donne ma vie à Jésus. En pensée, je lui présente une feuille blanche, je signe en bas. Je lui dis :

— Jésus, voilà ma vie, remplis-la comme tu le veux.

À ce moment-là, je ne pensais pas spécialement à devenir prêtre, cet appel est venu plus tard. Mais c'était important pour moi de dire à Jésus :

— Tu m'as tout donné, alors à mon tour, je te donne tout. Voilà ma vie, je te l'offre, je te fais confiance !

Les années passent, nous sommes le 25 mai 1985, j'ai 19 ans et je suis en classe de terminale à Dinan, près de Saint-Malo, en Bretagne. Je reçois alors un coup de fil. C'est une voix étrangère :

— Allô, je voudrais parler à René-Luc...

— C'est moi.

— Je suis ton père, est-ce que c'est possible de te parler ?

Je n'en crois pas mes oreilles et j'ai même du mal à y croire. Mais c'est bien lui, Gunter ! Le lendemain, je le rencontre pour la première fois et il me raconte comment il m'a retrouvé.

Quelques années auparavant, en 1980, il est tombé amoureux d'une femme, Siegrid. Il vivait alors à Berlin. Cette femme l'a aidé à sortir de ses problèmes d'alcool. Du coup, il a retrouvé toute sa dignité et il a décidé d'assumer sa paternité en cherchant à me retrouver. Gunter est venu en voiture jusqu'au mas en Camargue. Ma mère était partie depuis longtemps sans laisser d'adresse. Il ne savait pas comment faire pour me retrouver, il avait besoin d'un vrai miracle. Il s'est alors rappelé qu'à la Légion, on lui parlait souvent de Lourdes. Il a décidé de s'y rendre et y a fait brûler un cierge pour demander la grâce de retrouver son fils. Puis il est retourné à Berlin.

Plusieurs années plus tard, en mai 1985, il fait

une nouvelle tentative. Il vient au mas, toujours pas de nouvelles. Il se rend alors à Nîmes, car il sait que je suis né là-bas. Gunter trouve une église ouverte. Il entre et prie de nouveau avec force :

— Jésus, aide-moi à retrouver mon fils.

À ce moment-là, je vis en Bretagne, à plus de huit cents kilomètres de Nîmes ! Il sort de l'église et marche au hasard dans les rues. Il s'arrête tout à coup devant une porte. Il la reconnaît, c'était la maison de mon arrière-grand-père. Il était venu lui rendre visite deux ou trois fois vingt ans auparavant pendant les trois mois où il avait vécu avec ma mère. Il sonne. La personne qui habite là lui donne le numéro de téléphone de mon oncle, et c'est comme ça que mon père remonte jusqu'à moi.

Lorsqu'il me raconte tout cela, je lui demande, intrigué :

— Quand est-ce que vous êtes venu me chercher la première fois à Lourdes ?

— C'était au mois de juin 1980.

— C'est incroyable !

— Pourquoi ?

— Parce que c'est au mois de juin 1980 que je suis moi aussi allé pour la première fois à Lourdes !

Je n'en reviens pas, la coïncidence est troublante. Même lieu, même année, même mois. Ce fameux pèlerinage pendant lequel j'ai signé en bas de la page blanche de ma vie. Aujourd'hui, il y a une webcam installée devant la grotte, et on peut regarder par Internet les pèlerins prier vingt-quatre heures sur vingt-quatre. Si la caméra avait été installée à cette époque-là, j'aurais demandé aux sanctuaires de m'autoriser à regarder les images du mois de juin 1980. J'y aurais peut-être vu un jeune adolescent en train de donner sa vie au Seigneur, et juste à côté, un homme en train de demander à Dieu la grâce de retrouver son fils. Je ne saurai qu'au ciel si nous étions au même moment devant la grotte, mais c'est déjà émouvant de savoir que nous y étions en tout cas à la même période.

Cette coïncidence providentielle va rebondir de façon surprenante quelques années plus tard. Nous sommes le 8 septembre 2009, fête liturgique de la naissance de la Vierge Marie. Mon évêque m'a nommé dans une nouvelle paroisse. Mon père vient de Berlin pour voir comment je suis installé. Je n'ai pas beaucoup de temps pour lui car je dois me rendre à Notre-Dame de Buglose dans le diocèse d'Aire et à Dax le 10 septembre pour y donner une conférence. Lourdes est sur la route, je propose donc à mon père de m'accompagner pour remercier ensemble la Sainte Vierge de nous avoir réunis vingt-neuf ans auparavant. Nous ne sommes jamais allés ensemble à la grotte depuis ce fameux mois de juin 1980.

Nous arrivons donc en fin d'après-midi. Nous trouvons chez les sœurs de l'Assomption deux chambres libres dont les fenêtres donnent sur la grotte. Nous descendons pour la procession aux flambeaux de 21 heures à 22 heures. Puis je propose à mon père de réciter un chapelet en attendant la messe que je dois célébrer dans la grotte à 23 heures Nous commençons à prier ensemble devant la grotte, éclairée par la pyramide de bougies. Mais au bout de quelques dizaines de minutes, mon père se sent très fatigué. Le voyage, et tout ce monde, à 76 ans, ça fait beaucoup.

— Mon fils, excuse-moi, j'aurai vraiment voulu rester avec toi pour la messe, mais là, je n'en peux plus. Je remonte me coucher.

— Pas de soucis, *Vati*[1], nous reviendrons à la grotte demain matin avant de repartir. Dors bien.

Gunter remonte donc au logement et je reste pour célébrer l'Eucharistie.

Le lendemain, au petit-déjeuner, il est vraiment désolé de ne pas avoir réussi à tenir jusqu'à la messe.

— Je voulais tellement remercier la Sainte Vierge avec toi pendant cette messe !

J'essaye en vain de le consoler, en lui disant que ce n'est pas grave, que la Sainte Vierge a vu tous ses efforts. Mais je vois bien qu'il est déçu. Nous devons bientôt partir pour ma mission à Dax. Auparavant, je dois célébrer la messe. Il n'y en a pas dans le programme officiel à la grotte, mais il y en a une à 10 heures à la basilique du Rosaire. En nous y ren-

1. « Père » en allemand.

dant, nous passons devant la grotte, et là je remarque que le sacristain est en train de préparer l'autel. Je dis à mon père :

— Apparemment il y a une messe qui se prépare à la Grotte. Peu importe en quelle langue elle sera dite, si tu veux, nous allons participer à cette messe, ça te consolera d'avoir manqué celle d'hier soir.

Je me rends à la sacristie. Le prêtre qui va présider est déjà prêt. Je demande la permission de concélébrer et lui pose la question :

— En quelle langue allez-vous célébrer cette messe ?

S'il m'avait répondu « en allemand », cela aurait été plutôt sympathique. Mais c'était encore mieux. Il me répond, un peu gêné :

— C'est-à-dire, c'est un peu particulier. Je suis un prêtre luxembourgeois, aussi je vais célébrer la messe avec deux missels en utilisant en même temps les deux langues : français et allemand. Ça ne vous gêne pas ?

Incroyable, je suis encore une fois bouleversé par la délicatesse de notre Mère du Ciel. Tout ému, je dis au prêtre combien cela me touche puisque je suis français, mon père allemand, et que nous sommes justement venus ensemble en pèlerinage pour la première fois en ce lieu. Je n'ai évidemment pas le temps de lui raconter toute notre histoire. Le sacristain m'entend et me demande alors :

— Où est votre père ?

Je lui indique du doigt mon père perdu au milieu

des pèlerins. Le sacristain va aussitôt le chercher et place Gunter dans la grotte, à côté des lecteurs. Mon père est tout ému, il se trouve aux pieds de la Sainte Vierge et participe avec son fils prêtre, de tout son cœur, à cette messe franco-allemande.

La célébration providentielle de cette messe bilingue le jour où nous venons rendre grâce pour nos retrouvailles est pour moi un beau signe du Ciel. C'est comme une confirmation que la Vierge Marie a bien entendu la prière de mon père et le don de ma vie dans le même lieu et pratiquement à la même date.

Je vous partage un autre signe étonnant à propos de mon père. Quelques mois après nos retrouvailles, je suis allé lui rendre visite pour la première fois chez lui à Berlin en février 1986. Il a 52 ans, j'en ai 20. Je lui offre alors mon premier cadeau, la médaille en argent de la Sainte Face : le visage du Christ dessiné à partir du linceul de Turin ou saint suaire. Fièrement, il la met aussitôt autour de son cou, symbole de son attachement à Jésus, et à son fils.

Vingt-deux ans plus tard, en 2008, il se rend comme chaque année à Stettin, en Poméranie, la ville de sa maman, la ville de son enfance. Stettin se trouve à cent cinquante kilomètres au nord-est de Berlin. Cette partie de l'ancienne Allemagne a été rattachée à la Pologne après la Seconde Guerre mondiale, en compensation des territoires polonais rattachés à la Russie. Mon père est né là-bas et il y a passé toute son enfance jusqu'à sa fuite forcée à Hambourg, lorsque sa famille a été chassée par les Russes à la fin de la guerre. Il avait alors 13 ans.

Au moins une fois par an, mon père revient en Poméranie pour faire une sorte de « pèlerinage aux sources ». Cette année-là, il décide d'y aller le 13 juin pour y fêter son anniversaire. Il prend une chambre d'hôtel et part dîner dans un restaurant. Comme à son habitude d'ancien légionnaire, il met l'ambiance et offre la tournée générale. A-t-il été repéré pendant cette soirée animée ? Le soir tard, il sort pour rejoindre sa voiture. La ruelle est sombre. Il reçoit un violent coup sur la nuque et tombe évanoui. Il se réveille plusieurs heures après, la tête ensanglantée. On lui a volé son portefeuille et on lui a arraché sa chaîne. Et la médaille de son fils. Il en est désespéré. Cette médaille représentait tellement pour lui.

Après avoir déposé plainte au commissariat, il rentre tout triste à Berlin. Il se gare devant son immeuble, entre sur le palier, et comme à son habitude, il relève le courrier de la boîte aux lettres. Il trouve un petit paquet de son fils.

— Tiens, René-Luc a pensé à me fêter mon anniversaire !

Il faut dire que je ne suis pas du genre à envoyer des cadeaux par la poste. Je sais que mon père aime bien les anniversaires. Traditionnellement, j'essayais le plus souvent possible d'aller lui rendre visite en juin à Berlin pour le fêter avec lui, comme lui venait pour fêter le mien en avril chez moi en France. Si ce n'était pas possible, je lui passais un coup de fil. Mais cette année-là, je lui avais effectivement envoyé un petit cadeau par courrier.

Il ouvre le paquet en bas de l'immeuble et en sort… une médaille du saint suaire identique à celle qu'on venait de lui arracher la veille, mais en or !

J'étais tombé « par hasard » sur cette médaille, et comme j'avais remarqué que la sienne, en argent, vieillissait, j'avais pris l'initiative de lui en envoyer une nouvelle.

Coïncidence ? En tout cas, pas pour mon père qui en a pleuré de joie et de bonheur !

Un dernier « clin Dieu » au sujet de mon père. Il est décédé à Berlin le 1er août 2018 d'un arrêt cardiaque, alors que je finissais d'écrire ce livre. Je me suis rendu aussitôt à son chevet. Et j'ai découvert avec surprise que les délais pour les funérailles en Allemagne sont très longs. Alors que chez nous en France, nous enterrons entre un et quatre jours après le décès, en Allemagne, il faut parfois plusieurs semaines à cause des démarches administratives. Nous devons attendre patiemment de recevoir le certificat de décès pour ensuite déterminer avec les pompes funèbres la date de la sépulture. Les funérailles de mon père ont été fixées au 14 août. En attendant, je ne me sentais pas de retourner chez moi. Je suis donc revenu en France pour me retirer dans un lieu propice à la prière en attendant la date des funérailles. Je suis allé à l'abbaye de Sénanque dans laquelle j'aime venir prier régulièrement.

Au cours de cette période de retraite et de deuil s'est déroulée une cérémonie assez particulière dans cette abbaye. Le mardi 7 août, les légionnaires de la 2e compagnie de Castelnau sont venus pour célébrer l'investiture de quarante-deux légionnaires par la cérémonie de la remise des képis blancs. C'était la première fois qu'une telle cérémonie avait lieu dans cette abbaye, il n'y en avait jamais eu auparavant et il n'y en aura peut-être jamais après. Plusieurs officiers très haut gradés étaient présents. Parmi eux, un général et un lieutenant-colonel qui avaient plus ou moins l'âge de mon père et qui avaient eux aussi combattu en Algérie. Je leur ai montré les décorations de mon père que j'avais rapportées de Berlin. Ils étaient visiblement admiratifs d'un tel pedigree : sept ans de Légion dont sept ans de guerre ! Ils m'ont assuré de leurs prières pour Gunter. Sa mémoire était tellement présente dans l'esprit de tous que la cérémonie prit une allure d'un dernier hommage de la part de la Légion. Un dernier petit signe de la Providence dans l'histoire particulière qui m'a lié à mon père.

La parabole des étoiles

Ces manifestations de l'action de Dieu dans nos vies sont sans aucun doute un encouragement pour notre vie de foi. Je voudrais vous encourager à les repérer vous aussi, tout en les mettant à leur juste place. Je vous propose pour cela une parabole : la parabole des étoiles ou comment reconnaître les signes de Dieu ?

Pendant plusieurs années, j'ai emmené une quarantaine de jeunes dans le désert du Sinaï pour y passer le Jour de l'an. Un trek dans le désert, accompagné par des amis bédouins et leurs chameaux. Pas de tentes, on dort dans le plus beau de tous les hôtels du monde, un hôtel mille étoiles.

Dès le premier soir, j'invite tous les jeunes à s'allonger par terre en silence, regard tourné vers le ciel étoilé. Il ne se passe pas deux minutes avant qu'un petit cri ne vienne briser le silence :

— Oh ! Vous avez vu ? Une étoile filante !

Et aussitôt après, dans la foulée, un autre jeune s'écrie :

— Oui et là, en voilà une autre !

Petit à petit les voix se taisent, car il y en a tellement que le silence admiratif fait place aux cris d'émerveillement. Et les étoiles continuent de filer.

Je vous propose de comparer ces étoiles filantes aux signes de Dieu. Comment reconnaître l'action de Dieu dans nos vies ?

Se retirer à l'écart

Commençons par nous demander s'il n'y a que dans le désert qu'on peut voir des étoiles filantes ? N'y en a-t-il pas dans le ciel au-dessus de Paris ? Si, bien sûr, mais la lumière artificielle de la ville nous empêche de voir les étoiles, encore plus les étoiles filantes. Pour voir les étoiles, il faut aller dans des lieux propices. Ainsi pour observer les signes de Dieu dans nos vies, il faut partir à l'écart, quitter nos activités, le brouhaha du monde, se retirer dans un lieu désert : partir en pèlerinage, faire une retraite dans une abbaye…

Vouloir voir

Mais se mettre à l'écart ne suffit pas ! On peut partir dans le désert et s'enfermer dans une tente, et donc ne rien voir. Je ne suis pas sûr que les touristes en safari 4 × 4 qui dorment à l'hôtel ont souvent eu l'occasion de lever la tête vers le ciel étoilé.

Pour discerner une intervention de Dieu dans notre vie, il faut non seulement partir à l'écart mais il faut aussi « vouloir voir » ! Il faut faire l'effort de lever les yeux vers Lui, de scruter le ciel.

Nous pouvons déjà tirer une première conclusion : ce n'est pas parce que je ne vois pas les signes de Dieu qu'il n'y en a pas ! La seconde conclusion, c'est que pour voir les signes, il faut changer nos habitudes et prendre les moyens de lever la tête vers le Ciel. On peut aussi rajouter que découvrir l'action de Dieu dans nos vies procure une grande joie, plus grande que celle que procure la vision d'une étoile filante.

Passer de la recherche des signes à l'application des moyens spirituels

Après avoir admiré les étoiles filantes dans le désert du Sinaï, je demande aux jeunes de scruter le ciel pour reconnaître les étoiles fixes : l'étoile Polaire, Orion, la Grande Ourse... Les étoiles fixes donnent les repères, la direction. Pendant des siècles, elles ont été le seul instrument de navigation utilisé par les marins pour traverser les océans.

Nous avons comparé les étoiles filantes aux signes de Dieu, comparons maintenant les étoiles fixes aux moyens habituels que Dieu nous donne pour vivre de sa présence : prier chaque jour, lire la Bible, aller à la messe, se confesser régulièrement, faire partie d'un groupe d'amis chrétiens, avoir une attention privilégiée pour le faible et le pauvre, et vivre « un amour de plus en plus intense et débordant entre nous et à l'égard de tous les hommes », comme le dit saint Paul (1 Th 3,12). Celui qui vit attentivement tous ces moyens fixes donnés par l'Église avance sûrement dans son chemin de foi, même s'il n'a pas beaucoup de signes extraordinaires.

Au début de notre chemin de foi, Dieu nous donne souvent des petits signes merveilleux de sa présence telles les étoiles filantes, qui nous stimulent pour le connaître et l'aimer. Mais petit à petit, il nous laisse avancer par les moyens plus habituels tels que les étoiles fixes. En grandissant dans notre chemin de foi, nous avons moins besoin de signes extraordinaires car nous savons que Dieu est présent de façon permanente.

Laissons-nous émerveiller par les signes de Dieu et décidons-nous à le suivre fidèlement, notre vie deviendra constellation.

4

La parabole du canoë ou comment faire durer l'amour dans le couple ?

Existe-t-il une recette pour faire durer l'amour ? Sans doute y en a-t-il autant que de véritables histoires d'amour. J'ose vous proposer celle que j'ai découverte petit à petit après des années de ministère.

Les gens sont parfois étonnés que les prêtres donnent des conseils sur la vie de couple alors que nous sommes célibataires. Mais dans notre ministère d'écoute, nous passons des heures entières à recevoir les confidences des couples de tous âges, nous sommes à bonne école ! Les personnes qui viennent nous voir nous demandent de les aider à trouver Dieu dans leurs épreuves, et à ce titre, les prêtres sont bien légitimes. Nous savons renvoyer les couples vers des psychologues ou des conseillers conjugaux si nécessaires, mais nous pouvons apporter aussi l'éclairage de la prière, du pardon, de la patience, du dialogue à la lumière de l'enseignement de Jésus. L'un n'empêche pas l'autre.

Le jour anniversaire du mariage

À chaque homélie de mariage, j'ai l'habitude d'inviter les couples à prendre si possible une fois par mois un rendez-vous amoureux. Un jour, à la fin de la célébration d'un mariage, un monsieur d'une soixantaine d'années s'est avancé vers moi très fier en disant :

— Mon père, merci pour votre homélie. Avec ma femme, nous sortons au restaurant tous les mois le jour anniversaire de notre mariage depuis plus de quarante ans !

J'ai trouvé l'idée de la date géniale. Vous vous êtes mariés un 19 mai, prenez la décision de fixer votre rendez-vous amoureux tous les 19 de chaque mois, ou un jour très proche.

Pas un règlement de comptes

Je racontais cette trouvaille à un couple d'amis, mais le mari n'avait pas l'air emballé. J'ai creusé un peu et j'ai découvert qu'ils ont fait partie des Équipes Notre-Dame. Je connais bien ce mouvement car j'ai eu l'occasion d'accompagner une de leurs équipes lorsque j'étais jeune prêtre. Ce mouvement porte beaucoup de fruits, il réunit chaque mois quelques couples autour d'un aumônier pour travailler sur un thème et faire le point sur les engagements du mouvement. L'un de ces engagements s'appelle « le devoir de s'asseoir ». Les couples doivent prendre une soirée par mois entre eux pour faire le point. Mon ami redoutait un peu ce rendez-vous où on fait le point sur ce qui va ou ce qui ne va pas. Ce n'est jamais agréable de retendre les cordages. C'est vrai aussi pour notre vie professionnelle ou pour la vie ecclésiale. Ce réglage est pourtant nécessaire de temps en temps. Mais j'ai rassuré mon ami paroissien : ce que je propose est différent, ce n'est pas un rendez-vous pour faire un « règlement de comptes », mais uniquement un rendez-vous amoureux. On n'y parle pas de problèmes, on doit seulement alimenter la flamme amoureuse. Je crois d'ailleurs que le mouvement des Équipes Notre-Dame a lui aussi rectifié le tir et parle aujourd'hui de « la joie de s'asseoir ». Ce rendez-vous doit donc se faire à l'extérieur de la maison, et bien entendu sans les enfants ni les amis, rien que « elle et lui » !

Montrer l'amour

D'ailleurs, à ce propos, je suis de plus en plus convaincu que la plus belle éducation qu'un couple peut donner à ses enfants, c'est de leur montrer qu'ils s'aiment et continuent à s'aimer. Manifester de la tendresse, se tenir par la main, sortir en amoureux, c'est sans aucun doute le socle qui rassure les enfants, même lorsqu'ils sont devenus adultes. Les parents se font souvent bien du souci pour l'avenir et l'équilibre de leurs enfants, mais ils oublient parfois les fondamentaux : montrez à vos enfants que vous vous aimez !

Un rendez-vous surprise

Mais revenons à mon ami. Tout en parlant avec lui, il m'est venu une idée, et c'est cela que j'appelle « ma recette ». Pour que ce rendez-vous soit amoureux, il ne faut pas qu'il s'installe dans la routine. Pour éviter la routine, il faut de la surprise. Alors je leur ai proposé qu'ils s'invitent chaque mois à tour de rôle. Ce mois-ci, c'est lui qui invite pour une soirée théâtre, le mois d'après, c'est elle qui invite pour un resto chinois. Évidemment, le but du jeu est de tenir secret le plus longtemps possible ce que sera la soirée. Mes amis ont trouvé l'idée très bonne et, depuis, ils le font chaque mois. D'autres couples amis se sont mis à appliquer cette recette et je reçois parfois une petite photo complice de ces rendez-vous galants au restaurant.

J'espère que parmi les lecteurs qui sont en couple, beaucoup essaieront cette petite recette. Elle est simple, accessible mais portera sans doute beaucoup de bons fruits d'amour pour le couple et donc, pour toute la famille. Car prendre soin de sa famille, c'est d'abord prendre soin de son couple.

La parabole du canoë

Il y a des quantités de très bons ouvrages destinés à aider les couples. Je vous propose très modestement d'aborder quelques points de la vie du couple avec la parabole du canoë.

Nous sommes le dernier week-end de juin dans les gorges du Tarn près de Montpellier. C'est la traditionnelle dernière sortie canoë de l'année de notre groupe de jeunes professionnels, une quinzaine dont quatre ou cinq couples. Naturellement, ils se mettent à deux dans le même canoë. Toutes les affaires sont rangées dans des bidons étanches. Le loueur donne quelques consignes et nous voilà partis, ça semble si simple.

Louis et Victoire sont tout excités, c'est leur première sortie en canoë et ils partent devant sans attendre. Le plan d'eau est calme au début de la balade. Ils pagaient allègrement et le canoë avance en zigzag comme s'ils étaient ivres. Je les regarde, amusé. Je suis tenté de les appeler pour leur montrer comme diriger le canoë mais ils ont pris le large, totalement dans leur bulle. Quelque chose me dit que nous ne tarderons pas à les rattraper.

Effectivement, un petit kilomètre plus loin, nous arrivons sur le premier rapide. Le canoë prend de la vitesse. Louis et Victoire pagaient toujours de façon désordonnée. En voyant l'eau agitée du rapide, ils se crispent. Leurs gestes sont désarticulés. Tout à coup le canoë part complètement vers la gauche. Par instinct, ils plongent tous les deux leur pagaie de l'autre côté. Du coup, l'engin vire de bord et se met en travers. Avec la force du courant, il part en tête-à-queue et se retrouve complètement à l'envers au moment d'attaquer le rapide. Dans la panique, Louis essaye de contrôler comme il peut, Victoire lâche sa pagaie, s'agrippe au canoë de toutes ses forces en criant. L'embarcation heurte un rocher, et se retourne. Louis et Victoire tombent à l'eau et sont emportés par le rapide, surnageant au milieu des bidons.

Après avoir avalé quelques tasses puis essuyé de vaines tentatives pour remonter sur le canoë, Louis et Victoire sont prêts à continuer. Mais cette fois ils nous demandent conseil. Je leur explique :

« La méthode est simple, celui qui est devant est le moteur du véhicule, et celui qui est derrière est le volant. Si Victoire est devant, elle doit pagayer de manière régulière, un coup à droite, un coup à gauche. Toi, Louis, tu dois te synchroniser avec elle, en pagayant au même moment et du même côté qu'elle. Mais de temps en temps, tu dois arrêter de pagayer pour diriger le canoë en plantant ta pagaie à droite ou à gauche pour en faire un gouvernail. Celui qui est devant est le vigile, c'est lui qui annonce à son coéquipier les obstacles à venir. Mais il doit avoir confiance en celui qui dirige. Si par peur, celui qui est devant intervient d'une manière ou d'une autre, il risque de faire échouer la manœuvre. »

Louis et Victoire acquiescent. Ils ont vite compris la technique et passent les prochains rapides aisément. Victoire continue de pagayer en rythme. Entre deux rapides, dans une phase calme, je vois ce coquin de Louis poser sa pagaie en travers sur ses jambes. Il ferme les yeux et savoure cet instant. Victoire ne se doute de rien et continue de pagayer ferme. Louis se laisse porter.

On peut comparer cette descente en canoë à la vie de couple.

L'expérience des anciens

Beaucoup de couples foncent tête baissée dans leur aventure sans profiter de l'expérience des plus anciens. Je m'en suis rendu compte lors des préparations au mariage. La plupart des couples qui demandent à se marier à l'église aujourd'hui ont déjà plusieurs années de vie commune. Lorsqu'ils participent au CPM, les journées de préparation au mariage animées par des couples de la paroisse, ils m'en reparlent souvent émerveillés de tout ce qu'ils ont appris, découvert. La plupart d'entre eux ont construit leur couple en partageant surtout avec leurs amis proches, donc avec des jeunes de la même génération. Ils sont aussi parfois en désaccord avec le modèle de leurs parents. Ils cherchent rarement des conseils auprès d'autres couples expérimentés qui ont fait leur preuve. Ils partent tête baissée comme Louis et Victoire, et quand l'épreuve arrive, ils partent eux aussi vite de travers.

Les forces et les faiblesses

Évidemment, pour trouver l'harmonie, il faut commencer par connaître l'autre. Est-ce que mon conjoint est fort, faible, résistant, patient, fragile ? Il faut découvrir le rythme de l'autre pour s'accorder et trouver celui du couple, ce qui convient à tous les deux : ni trop lent ni trop rapide. Pour cela il faut se regarder. Dans le canoë, il faut changer de place pour que celui qui est à l'arrière comprenne mieux le rythme de celui qui est devant. Il faut se désinstaller sans cesse pour rester en harmonie avec l'autre.

Bien se connaître, c'est la clé de la réussite. Cela semble évident et pourtant, c'est souvent la raison de beaucoup d'échecs. Tant de jeunes couples construisent leur projet tout d'abord sur l'attirance. Mais ils n'ont par exemple aucune activité en commun. Lui est « bière-pizza-foot », elle est « théâtre-bouquin-danse ». Ça peut marcher, mais il faut absolument trouver des lieux communs d'harmonie, sinon, le couple risque de vite tomber à l'eau.

Se connaître, s'harmoniser, ça prend du temps, beaucoup de temps. Il ne faut pas aller trop vite. Dans sa sagesse, l'Église invite les jeunes amoureux à prendre un temps de fiançailles pendant lequel ils apprendront à bien se connaître avant de se donner l'un à l'autre dans la relation sexuelle durant le mariage. Ce discours semble complètement dépassé aujourd'hui et peu audible, y compris parmi les catholiques pratiquants. Les critiques sont vives :

— Décidément, l'Église n'a pas encore fait sa révolution, il serait temps qu'elle se libère de ses carcans et qu'elle arrête d'avoir peur du sexe !

Ceux qui pensent ainsi ne connaissent sans doute pas la *Théologie du corps* de Jean-Paul II qui a mis en valeur la relation sexuelle comme don de Dieu fait aux hommes créés à son image. Aujourd'hui, beaucoup d'ouvrages dans l'Église parlent de cette nouvelle vision de la sexualité : Olivier Florant dans *Ne gâchez pas votre plaisir, il est sacré. Pour une liturgie de l'orgasme*[1], ou Fabrice Hadjadj dans *La Profondeur des sexes : pour une mystique de la chair*[2]. Voir dans la relation sexuelle l'image de Dieu implique d'en peser toute sa beauté et sa grandeur. C'est pourquoi l'Église invite à la prudence avant de se donner l'un à l'autre, pas par peur du sexe, mais au contraire parce qu'elle considère que c'est un don tellement grand qu'il ne faut pas le galvauder.

C'est la fameuse image des cartes. Prenez deux cartes et posez-les l'une sur l'autre. Vous pouvez les séparer facilement. Mais si vous les collez l'une à

1. Éditions Presses de la Renaissance, 2006.
2. Éditions Seuil, coll. « Points », 2008.

l'autre, quand vous voudrez les séparer, elles vont se déchirer. Il en est ainsi dans la vie des couples. Lorsque deux amoureux sortent ensemble, s'ils sont patients et qu'ils ne se donnent pas trop vite l'un à l'autre, ce sera plus facile de se séparer s'ils se rendent compte qu'ils ne sont pas faits l'un pour l'autre. Si par contre, ils se sont collés rapidement l'un à l'autre dans la relation sexuelle, ils se feront sans doute beaucoup plus de mal en se séparant. Ceux qui pensent le contraire n'ont peut-être pas appris à faire rimer sexe avec délicatesse, amour avec toujours.

Concerné

Revenons à notre canoë. Le couple doit accepter de pagayer tout le temps ensemble. Ne pas faire comme Louis qui se repose à l'insu de l'autre. Ne pas se dire qu'il y a tel domaine du couple qui ne me concerne pas. Pour tout ce qui est en commun, les deux doivent toujours ramer. Ils doivent ramer pour ce qui concerne le travail professionnel, pour ce qui concerne la maison, pour ce qui concerne les enfants, ou la vie de foi. Admettons que le couple décide que la femme mette entre parenthèses sa vie professionnelle pour s'occuper pleinement des enfants en bas âge, et que l'homme travaille à l'extérieur. Le mari doit se sentir pleinement concerné par le travail de sa femme à la maison, et l'épouse doit se sentir pleinement concernée par le travail de son conjoint à l'extérieur. Tout le monde rame ! Si l'un prend du repos, ce n'est jamais à l'insu de l'autre, mais en accord avec l'autre.

Répartir les responsabilités

L'harmonie dans la façon de pagayer permet de bien diriger la vie de couple. Mais il faut aussi que l'un ou l'autre soit responsable du gouvernail dans tel ou tel domaine. Par exemple, l'un dirige la vie professionnelle et l'autre la vie familiale. Si l'un s'impose pour tout maîtriser et qu'il reste à la barre de tout ce qui concerne le couple, il peut tomber dans le piège de la toute-puissance et l'autre risque de ne pas s'épanouir, de n'exister qu'à travers l'autre.

Confiance

Nous avons vu que celui qui est devant dans le canoë voit le premier les obstacles mais qu'il doit faire confiance à celui qui dirige, car s'il a peur et qu'il intervient, il risque de contrarier la manœuvre de celui qui dirige à l'arrière. La confiance est un autre maître mot de la vie du couple. Un ami guide de haute montagne m'a expliqué que quand deux alpinistes sont en cordée sur une crête, si l'un dévisse, la seule manière de sauver son compagnon, c'est que l'autre se jette dans le vide de l'autre côté. C'est ça la confiance dans le couple, c'est souvent accepter de se jeter dans le vide !

Dialogue

Chacun à sa place est un vigile pour l'autre. Il peut s'apercevoir de tel ou tel danger qu'il faut éviter. Il faut se parler ! Je suis toujours étonné de constater que le mot le plus important dans la réussite des couples est le dialogue et que depuis tant d'années que j'accompagne des couples, la première difficulté dans tous les couples vient justement de ce manque de dialogue. Souvent, les couples dialoguent plutôt bien dans les débuts, puis petit à petit s'installe « un dialogue de sourds ». Gary Chapman a apporté une aide immense pour favoriser la communication dans le couple avec son livre mondialement connu sur *Les Langages de l'amour*[1]. Grâce à lui, les couples comprennent qu'au-delà des paroles, il y a d'autres langages dont il faut tenir compte : les paroles valorisantes, les moments de qualité, les cadeaux, les services rendus, le toucher. Chacun a un langage dominant. Notre tendance naturelle est d'attendre de l'autre et des autres en général qu'ils parlent notre langage. Imaginons que Louis ait pour langage dominant « les moments de qualité ». Il est

1. Gary Chapman, Éditions Farel, 1995.

assis dans le salon avec Victoire. Les enfants sont couchés, il a préparé un petit verre de rosé. Victoire le rejoint, s'assoit à côté de lui sur le canapé, lui fait un joli sourire et prend aussitôt son portable pour le consulter. Pour Louis, c'est insupportable, il a envie de jeter le téléphone par la fenêtre ! Il aurait la même réaction avec un ami. Mais Louis doit admettre que les autres n'ont pas tous cette même attente sur les moments passés ensemble. Connaître son langage dominant et admettre que les autres n'ont pas le même est une grande aide pour soi, une source de tolérance, de compréhension.

Gary Chapman a aussi attiré l'attention sur l'évolution du couple dans la durée. Il parle des saisons du mariage : le printemps, l'été, l'automne et l'hiver[1]. Quel chamboulement dans le couple lorsque le premier enfant arrive ! Mais quel chamboulement encore plus grand lorsque, vingt ou trente ans plus tard, le dernier enfant part et que d'un seul coup, le couple se retrouve seul nez à nez. C'est pour cela que le couple doit sans cesse travailler à garder la communion. C'est comme des rails ; s'ils s'écartent de 0,5 cm, au bout de quelques kilomètres, ça fait dérailler le train.

Dieu est communion d'Amour entre le Père, le Fils et l'Esprit saint. Lorsque l'homme et la femme, créés à l'image et à la ressemblance de Dieu, vivent

1. *Les Saisons du mariage*, Éditions Farel, 2006.

cette belle communion amoureuse, ils deviennent un magnifique portrait de Dieu en ce monde. Ce n'est pas étonnant que l'adversaire veuille tout faire pour séparer et défigurer l'union de l'homme et de la femme. Courage, cherchez dans la prière vos propres recettes pour ne pas chavirer et traverser ensemble tous les rapides de votre vie conjugale.

5

La parabole de l'illuminatoire ou que se passe-t-il au moment de la mort ?

Lundi. Jour de repos pour les prêtres. Je pars pour une journée de désert, une journée pour me retrouver face à Dieu et face à moi-même. Il fait gris, nous sommes en novembre. J'aime me promener dans la forêt en dehors des sentiers battus. Je m'enfonce dans les mailles de cette végétation livrée à elle-même. Je progresse depuis plusieurs heures dans cette jungle gauloise lorsque je débouche sur une petite clairière au pied d'une colline. Là, je découvre émerveillé une maison troglodyte abandonnée mais encore en parfait état. La grotte est fermée par un mur, avec seulement une porte et une fenêtre. La vieille porte en bois tient encore difficilement sur ses gonds. J'entre. À l'intérieur, le sol est sableux. La pièce est vide, il n'y a rien, si ce n'est une cheminée au fond de la grotte. Je décide de me poser là et d'allumer un feu. La cheminée tire bien et le feu prend sans difficultés. Je me demande où sort la fumée. Je sors et gravis la colline sur le côté. Au-dessus de la grotte, un simple trou au milieu des arbres laisse surgir la fumée. C'est si simple. J'envie le style de vie de ceux qui ont habité cette humble demeure si proche de la nature.

Je redescends dans la grotte et reste là, figé devant les flammes. Je prie mon chapelet, je regarde, je médite, je me tais.

Sur le chemin du retour, je m'empresse de trouver le propriétaire de ce lieu si mystérieux. Je ne tarde pas à le trouver, c'est le châtelain du coin. Je lui demande si je peux venir régulièrement me ressourcer dans sa grotte. Ça l'amuse. En même temps, il est honoré de savoir qu'un prêtre souhaite venir régulièrement sur ses terres. J'y reviendrai souvent pendant toute ma première année de sacerdoce.

Pour ma première année de ministère, mon évêque m'a nommé dans un petit village rural. Le contact avec les paroissiens se passe très bien. Messes, baptêmes, préparations au mariage s'enchaînent. Mais aussi les sépultures. Mes premières funérailles m'ont profondément marqué. Sylvain est un jeune du village. Il a 16 ans et vient de mourir dans un accident de scooter. Je rencontre la famille, ils ne sont pas pratiquants et sont effondrés. Je cherche des mots de consolation, mais je me sens pauvre et démuni. Leur souffrance me tord les boyaux. Je ne suis pas encore habitué à côtoyer des familles en deuil. Leur fils est décédé samedi et la sépulture doit avoir lieu mardi.

La veille de la célébration, je vais comme chaque

lundi me ressourcer dans mon nouveau refuge. La forêt qui entoure la grotte n'est pas entretenue, cela fait des décennies qu'elle est laissée à l'abandon. Tout en marchant, je ne cesse de penser à Sylvain, à sa famille, à tous ses camarades de classe. Qu'est-ce que je vais bien pouvoir leur dire demain ?

Tout à coup, mon pied heurte un arbre mort couché à terre. Étonnamment, mon pied semble le traverser. L'arbre est réduit à la poussière. Je m'arrête et, intérieurement, je dis à Jésus :

— Tu vois, cet arbre, il a vieilli, il s'est éteint, s'est écroulé à terre, et le voilà réduit à la poussière. Pourquoi Sylvain n'a pas pu vivre ainsi ? Pourquoi n'est-il pas mort âgé comme ce vieil arbre ?

Je regarde autour de moi et je constate que beaucoup d'autres arbres sont morts ainsi, de leur « belle mort », si je puis dire. Cela me conforte dans ma position, voire dans ma révolte, en tout cas dans mon incompréhension.

Je ne pensais pas avoir une réponse de la part de Dieu. Je pensais repartir avec mes interrogations lorsque mon regard se pose sur un petit arbre naissant, mais cassé en deux. En tombant, le vieil arbre mort a brisé ce frêle arbre dont les petites feuilles vertes sont en mode survie pour quelques jours encore. À ce moment-là, j'ai trouvé ma réponse dans la nature, ce livre ouvert de Dieu pour les hommes. J'ai compris que tout être humain souhaite naturellement mourir le plus tard possible, comme ce vieil arbre mort. Mais la nature elle-même nous montre qu'il peut y avoir des accidents, et qu'un jeune arbre peut être interrompu dans sa course brutalement, selon les mêmes lois de la nature. J'ai compris que nous devions accepter cette réalité : nous sommes mortels. La nature nous le rappelle et nous devons accepter notre condition sans conditions.

Une fois arrivé à la maison troglodyte, je lis les textes choisis par la famille pour la cérémonie. Tout d'abord l'Évangile : « Si le grain tombé en terre ne meurt pas, il ne peut pas porter du fruit » (Jean 12,24).

La nature continue son enseignement. Lorsque le paysan jette le grain de blé en terre, il sait que dans un premier temps le grain se décompose et semble perdu à tout jamais. Mais, dans un deuxième temps, il germe et donne une nouvelle pousse. Il en est de même pour Sylvain. Ce que nous voyons, c'est son corps qui descend dans la terre. Mais comme pour le grain de blé, ce que nous voyons n'est pas toute la réalité. La vie continue même si nous ne la voyons pas avec nos yeux.

Puis je lis la première lecture, le texte de la première lettre de saint Paul aux Thessaloniciens. C'est à ma connaissance le seul texte de la Bible qui s'adresse directement à des personnes touchées par un deuil : « Frères, nous ne voulons pas vous laisser dans l'ignorance au sujet de ceux qui se sont endormis dans la mort ; il ne faut pas que vous soyez abattus comme les autres, qui n'ont pas d'espérance. Jésus, nous le croyons, est mort et ressuscité ; de même, nous le croyons aussi, ceux qui se sont endormis, Dieu, par Jésus, les emmènera avec lui » (1 Th 4, 13-14).

Quel message extraordinaire d'espérance ! Si saint Paul pouvait prêcher aux parents de Sylvain, il leur dirait :

— Chers parents, ne soyez pas comme ceux qui ne croient pas et qui pensent qu'il n'y a plus rien après la mort ! Jésus est mort et ressuscité, de même, Sylvain qui est mort ressuscitera avec Jésus !

La parabole de l'illuminatoire

Les textes de la Parole de Dieu sont d'un grand réconfort pour vivre le deuil, mais comment expliquer ce qui se passe pour l'âme à ce moment précis ? Pour répondre à cette demande, je vous propose la parabole de l'illuminatoire.

Face à face

Nous croyons que lorsque l'âme se détache du corps, elle se trouve face à Dieu, une source de Lumière et d'Amour. Quelle que soit la vie des hommes, tout le monde se retrouve face à Jésus au moment de la mort. Dans notre tradition catholique, nous appelons cela « le jugement particulier ».

L'enfer

Tout le monde a entendu parler de l'enfer. On l'imagine comme le lieu où Dieu envoie griller les méchants. Certains n'y croient pas. Pourtant, c'est sûr que l'enfer existe, il faut qu'il y ait en effet un endroit pour ceux qui, volontairement, refusent Dieu. Par contre, nous croyons que dans sa grande miséricorde Dieu va tout faire pour sauver l'homme quel qu'il soit. L'épisode du bon Larron en est une preuve forte : cet homme était un assassin qui, comme il le dit lui-même, avait mérité la mort. Pourtant, c'est bien ce même homme qui est le premier à entrer au paradis. Si donc nous pouvons dire avec certitude que l'enfer existe, nous ne pouvons pas dire s'il y a quelqu'un dedans, cela appartient à Dieu seul. Même le plus grand des criminels a peut-être dit oui à Dieu au dernier moment.

L'arbre tombe du côté où il penche

Puisque Dieu est tout amour, et qu'il est encore possible de lui dire oui au moment de la mort, est-ce possible que certains le rejettent ? Oui, car comme le dit le dicton, l'arbre tombe toujours du côté où il penche. Si quelqu'un a rejeté Dieu toute sa vie, il y a de fortes chances pour qu'il le rejette aussi au moment de sa mort. L'enfer est le lieu où vont ceux qui refusent Dieu jusqu'au bout, même après l'avoir vu face à face ! Si nous ne pouvons dire avec certitude qu'il y a du monde en enfer, nous pouvons penser avec raison que, malheureusement, beaucoup de personnes y vont. C'est important de comprendre que ce n'est pas Jésus qui les envoie en enfer par punition : ne vont en enfer que ceux qui le rejettent !

L'illuminatoire

Ça semble un peu trop facile ! On peut faire le mal sur la terre, profiter des jouissances de la vie, se passer des exigences de la vie évangélique, et aller tout droit au paradis si on dit oui à Jésus au moment de la mort ! Non, seuls ceux qui ont eu une vie étroitement unie à Dieu vont directement au paradis. Les autres vont au purgatoire. Un lieu de purification. On devrait plutôt l'appeler l'illuminatoire. Si quelqu'un a vécu toute sa vie dans une caverne et qu'on le projette d'un seul coup en pleine lumière, ses yeux ne vont pas le supporter et il deviendra aveugle. Il est nécessaire de le mettre dans une sorte de sas, dans une pièce sombre. Petit à petit, très progressivement, on y fait entrer la lumière jusqu'à ce qu'il soit capable de voir Dieu en pleine lumière.

Notre prière illumine

Nous croyons que Dieu a voulu nous associer à cette œuvre d'illumination. Par notre prière pour les défunts, nous pouvons agir sur la porte et la faire s'entrouvrir un peu plus. Nous aidons ainsi les âmes des défunts à entrer plus vite dans la lumière de Dieu. D'où l'intérêt de prier pour un mort. Peut-être est-il déjà au paradis, mais peut-être est-il dans l'illuminatoire et, dans ce cas, notre prière peut l'aider à recevoir plus de lumière.

Déjà sauvés

Comprenons bien que ceux qui sont dans l'illuminatoire sont déjà sauvés ! Ils ne sont pas dans un lieu de tortures, avec des rôtissoires moins grosses que celles de l'enfer. Ils souffrent, certes, mais cette souffrance provient de l'incapacité à entrer pleinement dans cette lumière d'amour qu'ils viennent de goûter, de percevoir. Ils doivent attendre patiemment pour être enfin en pleine communion avec Dieu.

Vivons le plus possible dès ici-bas dans la lumière de l'Évangile et nous pourrons dire au dernier moment avec sainte Thérèse de Lisieux, cette jeune sainte carmélite décédée à 24 ans :

— Non, je ne meurs pas, j'entre dans la vie[1] !

---

1. Thérèse de Lisieux, *Œuvres complètes*, Éditions Cerf-DDB, 1998, lettre 244 à l'abbé Bellière, p. 601.

6

La parabole du radiateur ou si Dieu est bon, pourquoi la souffrance ?

En novembre 1979, mon beau-père gangster se suicide devant moi avec son révolver d'une balle en plein cœur. Le lendemain, je suis abattu. Je me plains à ma mère :

— Maman, tu ne trouves pas que ça fait beaucoup tout ce qui nous est arrivé ? Toutes nos galères depuis l'enfance, mon père que je n'ai jamais connu, et maintenant le suicide de Martial, ça fait beaucoup, non ?

Ma mère me fixe droit dans les yeux et me répond :

— Tu trouves que ça fait beaucoup ? Pense à ces enfants pendant la guerre du Vietnam qui ont vu toute leur famille détruite sous les bombes, qui se sont retrouvés seuls, sans personne… Qu'est-ce que tu as vécu à côté d'eux ?

Sa réponse me laisse sans voix. La photo bien connue de cette petite fille nue courant dans le décor apocalyptique des bombes au Vietnam s'impose alors à mon esprit. Pauvre enfant ! Oui, c'est vrai, je n'ai pas le droit de me plaindre ! Il faut que je serre les dents, que je continue à vivre, que j'assume ma destinée.

Quelques mois plus tard, je fais une expérience spirituelle très forte et je commence une relation personnelle avec le Christ. Ma vie change radicalement et je ne souffre plus comme avant, même si la souffrance reste bien présente dans ma vie. On ne peut pas avoir vécu ce que j'ai vécu sans qu'il y ait des répercussions pendant toute une vie, sur le plan personnel et familial.

Il y a aussi les souffrances physiques, celles qui sont normales et dues à l'usure de nos corps, mais aussi celles liées à des accidents de la vie, comme mon grave accident de moto en 2012 qui se rappelle à moi en permanence, ayant un bassin déplacé et un nerf pincé sur toute la jambe gauche.

Il y a aussi ces souffrances particulières vécues par ceux qui se donnent à la mission, on pourrait les appeler les « souffrances apostoliques », celles liées notamment à un apostolat médiatisé : la jalousie, l'incompréhension, la critique...

Oui, c'est paradoxal, mais la souffrance est pour beaucoup un chemin d'union à Dieu. Sainte Bernadette Soubirous a souffert toute sa vie d'un asthme chronique contracté lors d'une épidémie de choléra. Elle est décédée à 35 ans d'une tuberculose pulmonaire. Sainte Thérèse de Lisieux est décédée elle aussi de la tuberculose à l'âge de 24 ans. Plus proche de nous, le grand pape sportif saint Jean-

Paul II a fini ses dernières années de pontificat avec une maladie qui lui paralysait la moitié du visage. La souffrance unie à la Passion du Christ est comme un creuset, elle creuse en nous une plus grande capacité d'aimer. Elle relativise ce qui est secondaire, nous ramène à l'essentiel, et de ce mal, Dieu peut en tirer un bien car : « Toutes choses concourent au bien de ceux qui aiment Dieu » (Rom 8,28).

Parmi les saints qui ont comme épousé la souffrance, il y en a une qui sort de l'ordinaire. Il s'agit de la vénérable Marthe Robin. Le 7 février 1981, j'ai eu la chance de la voir sur son lit de mort. Cette petite femme est un exemple bouleversant d'une vie unie au Christ dans la souffrance. Elle est tombée malade à l'âge de 16 ans et est restée clouée dans son lit de douleur jusqu'à sa mort, sans jamais sortir de sa chambre plongée dans l'obscurité, car la lumière lui brûlait les yeux. Elle ne pouvait ni déglutir ni boire, elle n'a donc pas mangé pendant cinquante ans. Elle ne se nourrissait que de la sainte eucharistie qu'elle recevait une fois par semaine. Stigmatisée, elle revivait la passion de Jésus chaque fin de semaine. Pendant des années, elle a reçu dans sa petite chambre obscure des milliers de pèlerins. Elle les écoutait patiemment, et tous ont témoigné de sa joie. Elle disait : « Prendre sa croix, ce n'est pas mettre des boulets à ses pieds, mais des ailes à son cœur, de la joie, du bonheur, du ciel dans sa vie[1] ! »

La parabole du radiateur

Personne n'est épargné par la souffrance. Vous comme moi, nous avons tous souffert. Certains souffrent plus que d'autres, la souffrance prend une telle place dans certaines vies qu'il est légitime de se demander : « Mais si Dieu est bon, pourquoi ne supprime-t-il pas la souffrance ? » Je vais tenter de vous répondre par la parabole du radiateur.

Dieu prévient l'homme

Imaginez un père avec un fils de 15 ans en pleine crise d'adolescence. Ce fils fréquente un groupe de punks, il rentre régulièrement chez lui complètement défoncé par la drogue et l'alcool. Le père essaye de raisonner son fils, il lui parle beaucoup, fait tout son possible pour dissuader son fils de fréquenter de tels individus, mais son fils ne l'écoute pas et plonge de plus en plus dans cette descente aux enfers.

Par analogie, Dieu est un Père pour tous les hommes et il ne cesse de leur parler par sa Parole

---

1. Marthe Robin, *Journal, décembre 1929-novembre 1932*, Éditions Foyer de Charité, 2012.

et par ses apôtres pour chaque génération. Si les hommes ne l'écoutent pas, s'ils se détournent du bien et se tournent vers le mal, ils sont confrontés à une cascade de souffrances. Comme ce jeune fils, ils ne se rendent pas toujours compte des conséquences de leurs choix. Ils sont convaincus que ce qui est le plus important, c'est de faire ce qu'ils veulent.

Dieu peut-il nous enfermer à clé ?

Alors, ne sachant plus que faire, son père prend les grands moyens : il enferme son fils dans sa chambre. Mais aussitôt la nuit tombée, son fils saute par la fenêtre pour rejoindre sa bande.

Le lendemain matin, son fils rentre ensanglanté : sous l'effet de la drogue, il s'est mis à pratiquer une danse bien particulière : il s'agit de se frotter à son partenaire avec des lames de rasoir accrochées aux vêtements.

Cette fois, c'est trop. Le père craint pour son fils, ça devient une question de vie ou de mort. Puisqu'il ne l'écoute pas, puisqu'il ne reste pas dans sa chambre, il reste une solution : il l'empoigne violemment, le conduit dans sa chambre et l'attache avec des menottes au radiateur. Cette fois, plus moyen de s'échapper !

Son fils se met à hurler en le traitant de tous les noms. Son père lui crie avec autant de force que c'est par amour pour lui qu'il en est réduit à le menotter, il fait ça pour le protéger. Mais évidemment, rien n'y fait, la haine grandit à chaque seconde dans le cœur du fils jusqu'à atteindre un point de non-retour. Et finalement, le père est obligé d'admettre que ce n'est pas la solution, il ne peut pas enfermer son fils, il n'a pas le choix, il doit le laisser libre, même si cette liberté lui coûtera sa vie.

Il en est de même avec Dieu. Il ne peut en aucun cas nous obliger à l'écouter, à lui obéir. L'homme est libre et ça fait bien longtemps qu'il a décidé de ne plus écouter la voix de Dieu. Quelle est la réponse de Dieu face à cet endurcissement de l'homme ? C'est de le laisser libre. Dieu n'a pas le choix car il est Amour et l'amour implique la liberté. Dieu aurait très bien pu créer un monde sans souffrance, sans péché. Mais alors ce serait un Dieu dictateur : nous serions obligés de faire le bien ! Notre « Dieu tout-puissant », notre « Dieu des armées », est un Dieu « désarmé » par notre liberté. Comme le dit le théologien orthodoxe Paul Evdokimov : « Dieu est faible, parce qu'il a un faible pour l'homme. »

Notre liberté

C'est de ce mauvais usage de la liberté que provient une grande partie de la souffrance dans notre monde.

Imaginons toute une civilisation qui se mette vraiment à l'écoute de l'Évangile et renonce à ce qui conduit au mal : plus de vols, plus de mensonge, plus de violence, plus de guerre, plus d'argent roi. Imaginons une civilisation qui développe au contraire les valeurs de solidarité, de service du prochain, de pardon, de partage, de bienveillance, d'humilité. Même les maladies diminueraient car beaucoup de problèmes de santé proviennent de la « malbouffe », qui est un effet pervers de la société de consommation.

Il est difficile d'évaluer le recul que ferait la souffrance dans une telle civilisation, mais on pourrait estimer de façon toute subjective que 80 % de la souffrance disparaîtrait. Il resterait bien entendu les 20 % qui ne dépendent pas des bons ou mauvais choix des hommes, comme le mal provoqué par les catastrophes naturelles, les tsunamis, les tremblements de terre, etc. Bien que là encore, certaines de ces catastrophes sont sans doute accentuées par le dysfonctionnement climatique provoqué par les hommes.

Aimer en souffrant

Quelle est donc la réponse de Dieu face à la souffrance ? La réponse, c'est Jésus qui a pris sur lui le poids de la souffrance et de la mort. Jésus a souffert en pardonnant et en aimant. Depuis lors, la souffrance a changé de visage. Il est toujours terriblement difficile de souffrir mais la souffrance, si elle est vécue dans la prière et si nous sommes soutenus par des frères, peut devenir une incroyable école d'amour. Comme le dit si bien cette citation bien connue de Paul Claudel : « Dieu n'est pas venu supprimer la souffrance, il n'est même pas venu l'expliquer, mais il est venu la remplir de sa présence[1]. »

Ce serait une erreur de penser qu'il suffit de croire en Jésus pour avoir une vie de bonheur sans épreuves. Il est vrai que le psaume 23 nous dresse un tableau idéal de l'homme qui met sa foi en Dieu :

« Le seigneur est mon berger, je ne manque de rien, sur des prés d'herbe fraîche il me fait reposer, il me mène vers les eaux tranquilles et me fait revivre. »

Le croyant semble être à l'abri de tout malheur, sa vie se déroule dans le meilleur des mondes, telle « la petite maison dans la prairie ». Mais un peu plus loin, le psaume 23 continue ainsi :

« Si je traverse les ravins de la mort, je ne crains aucun mal, car tu es avec moi : ton bâton me guide et me rassure. »

Le Christ est descendu dans le ravin de la souffrance, il connaît le chemin. Lorsque nous descendons dans l'épreuve, il nous tend la main. Nous pouvons la saisir afin qu'il nous aide à traverser comme lui-même l'a fait avant nous. Le chrétien n'est donc pas à l'abri de la souffrance, les martyres récents nous font même dire « bien au contraire ».

1. Paul Claudel, in *Dialogues avec la souffrance* (collectif), Éditions Foi vivante, 1968.

Mais il peut toujours saisir la main du Christ et ainsi souffrir avec ce soutien particulier, cette espérance que donne la victoire du Christ sur la souffrance et la mort.

Choisissons de souffrir le moins possible en nous mettant à l'écoute de la Parole de Dieu, en suivant ses commandements dans notre vie et dans notre société. Et si nous sommes quand même confrontés à la souffrance, vivons la main dans la main avec Jésus en essayant d'aimer malgré tout.

7

La parabole de la glue ou pourquoi passer par un prêtre pour demander pardon à Dieu ?

Pour introduire la prochaine parabole, je souhaite revenir sur une rencontre incroyable que j'ai faite dans la rue et que j'ai racontée dans mon livre témoignage *Dieu en plein cœur*[1]. Ce passage montre à quel point Dieu compte sur le sacrement de réconciliation pour ramener les hommes pécheurs à Lui.

Nous sommes à Sanary en mai 2003, et je participe à une mission d'évangélisation. Mgr Rey, évêque de Toulon, nous bénit et nous envoie deux par deux pour rencontrer les gens et leur proposer de se joindre à nous pour les vêpres. Olivier Bonnassies, qui a fondé l'œuvre internationale Marie-de-Nazareth, part avec moi. Les rencontres que nous faisons se passent très bien. Les gens sont ouverts, réceptifs. Nous sommes sur le chemin du retour lorsqu'un homme nous apostrophe :

1. *Op. cit.*, p. 208-212.

— Hé, toi, le curé ! Viens voir un peu !

Je me retourne. Il a une cinquantaine d'années, des cheveux longs qui lui tombent sur les épaules, un côté artiste. À côté de lui, un compagnon, beaucoup plus jeune. Cheveux blonds, courts. Type polonais.

— Ouais, toi, le curé, viens voir ici !

Cet homme me donne l'impression d'avoir un peu forcé sur l'apéro. Voilà une occasion de parler du Seigneur. Je m'approche de lui et je vois que je n'avais pas tort. Il me sort quelques vannes sur les curés, d'un goût évidemment douteux. J'encaisse. Ça fait partie du job. J'essaie cependant d'élever un peu le niveau de la discussion. Petit à petit, un climat de confiance s'établit et je sens que la conversation va basculer, preuve que souvent il faut user de patience. Il s'appelle Léopold et il a perdu quelqu'un de très cher le matin même. Il est triste. Je lui propose de prier. Mais il évite le sujet. Je reviens à la charge. Ne m'a-t-il pas apostrophé parce que j'étais curé ?

— Tu es sûr que tu ne veux pas que nous priions pour toi ?

— Non, me répond-il tout à coup. C'est moi qui vais prier pour vous !

À ma grande surprise, Léopold se met entre nous deux, pose ses mains sur chacune de nos épaules et prie ainsi :

— Seigneur Jésus, tu sais que je suis un pauvre type. Mais je te prie pour ces deux gars, ils ont le courage d'aller dans la rue pour parler de toi aux gens, ce sont des mecs bien, alors pense à eux, amen.

Là, je suis bluffé ! Cet homme a dû fréquenter un groupe de prière pour prier ainsi. Ému, je le prends dans mes bras et lui donne une accolade chaleureuse en le remerciant du fond du cœur. Il ne s'attendait pas à ça, c'est à son tour d'être touché. Il recule d'un bon mètre, pose ses deux mains sur mes épaules, les bras tendus :

— Regarde-moi dans les yeux ! (Surpris, je le regarde.) Tu es prêtre ?

— Oui.

— Alors tu peux me confesser ?

— Oui, bien sûr.

— Alors confesse-moi maintenant !

Nous allons à l'écart et il se met à genoux en plein milieu d'un parking. Je m'agenouille à côté de lui. Les voitures passent à droite et à gauche.

— Est-ce que tu es sûr que Dieu peut me pardonner ?

— Oui, j'en suis sûr. Moi, en tant qu'homme, je n'ai bien entendu aucun pouvoir, mais en tant que prêtre je peux te donner le pardon de Jésus. Il l'a dit dans l'Évangile : « Tout ce que vous délierez sur la terre sera délié dans les cieux. »

Léopold se confesse. Ce n'est pas un poisson que j'ai pêché ce jour-là, mais une baleine. Après que je lui ai donné l'absolution, il est soulagé, détendu. Il veut que nous restions là, assis, pour continuer à bavarder, mais je dois rejoindre les autres missionnaires. Je le quitte, ému.

Je croyais que notre histoire s'était achevée là,

mais elle allait connaître un rebondissement inattendu.

Nous sommes en décembre 2003. Nous faisons une mission semblable à Avignon. L'évêque, Mgr Cattenoz, descend lui aussi dans la rue, encourageant tous les prêtres présents à le suivre.

Au retour d'une mission, une jeune fille missionnaire vient à ma rencontre :

— René-Luc, tu tombes bien, nous avons rencontré un monsieur dans la rue, il veut se confesser, est-ce que tu peux le faire ?

— Bien entendu. Où est-il ?

— Là-bas.

La personne me montre du doigt un homme près de l'autel. Léopold ! C'est lui, je le reconnais. Je ne sais que faire tellement je suis surpris. Nous sommes à trois cents kilomètres de distance, à huit mois de notre première rencontre, nous ne sommes allés chaque fois qu'une seule heure dans la rue, et c'est bien lui qui est là ! Le temps que je me dise tout ça, un autre prêtre vient vers lui et le confesse. Après cela, la jeune fille qui l'avait emmené avec elle, et qui ne savait rien de mon histoire, s'approche de moi :

— René-Luc, tu sais, l'homme que j'ai rencontré dans la rue et qui s'est confessé, tu vois qui c'est ?

— Oui, je vois très bien.

— C'est vraiment super que nous l'ayons rencontré. Il m'a dit qu'il s'était déjà confessé il y a quelque temps, mais qu'il n'était pas sûr d'avoir reçu le pardon de Jésus. Mais maintenant, ça y est, il est apaisé ! C'est super, non ?

Je ne lui dis rien de ma rencontre avec Léopold quelques mois auparavant.

— Ah oui, c'est vraiment super. On peut dire que le bon Dieu a de la suite dans les idées !...

La parabole de la glue

L'histoire de Léopold montre combien le bon Dieu a de l'imagination pour emmener les hommes à Lui. La confession est le moyen privilégié pour rétablir la communion que l'homme a perdu avec Dieu. Pourtant, beaucoup ont du mal avec cette démarche et n'en voient pas l'intérêt :

— Vous savez mon père, je n'ai pas besoin de la confession, moi. Parce que je lui demande pardon directement. Et ça me va très bien comme ça !

La confession demande une démarche d'humilité qui coûte, je comprends que beaucoup trouvent plus simple de l'éviter. Pourtant, ce sacrement est tellement important. Comme je l'ai dit à Léopold, Jésus lui-même a dit à ses apôtres : « Tout ce que vous déliez sur la terre sera délié dans les cieux. » Il a voulu que ses apôtres aient ce pouvoir. C'est ce que j'explique dans la parabole de la glue.

La glue

Tout le monde a une fois dans sa vie utilisé de la colle glue. Pour construire une maquette ou réparer un vase, nous avons tous ouvert un jour ou l'autre le petit capuchon de ce tube de colle minuscule pour en faire couler ce liquide étonnamment puissant. Si par malheur, vous faites couler de la colle sur vos doigts, et que vous les pincez, vous avez peur de ne plus pouvoir les décoller. Vous êtes coincé, paralysé. Par analogie, le péché dans nos vies c'est comme de la glue, ça nous paralyse. Le péché nous empêche d'être libres ! Et si je m'approche de quelqu'un avec mes doigts pleins de colle, je risque de le paralyser à son tour. Mes blocages personnels bloquent la relation aux autres, tout s'enchaîne, tous s'enchaînent !

L'eau

Il faut donc trouver un moyen de s'en sortir. Le réflexe le plus naturel dans cette situation, c'est d'aller se laver les mains sous un robinet d'eau. Mais ça ne marche pas. Les doigts restent collés. L'eau n'est pas capable de libérer la glue, ça ne fonctionne pas ! Par analogie, c'est ce que font ceux qui, après avoir péché, se contentent de demander pardon directement au Seigneur. C'est un très bon réflexe et c'est très important de se repentir aussitôt après avoir pris conscience de sa faute. Mais malgré ce retour personnel vers Dieu, il manque quelque chose pour être totalement libéré.

Le « Holy White-Spirit »

Pour ôter la glue de vos doigts, vous devez recourir à un produit spécial, un dissolvant comme le white-spirit. De même, pour retirer la paralysie de votre péché, vous avez besoin d'une puissance spéciale, le « Holy White-Spirit », qui est le sacrement de réconciliation ! Ce sacrement a un pouvoir spécial, donné par la puissance de l'Esprit saint. Cette puissance ne vient pas du prêtre lui-même qui est pécheur et qui a besoin de se confesser régulièrement. Cette puissance ne vient donc pas des hommes mais de Dieu qui a décidé de choisir des hommes, simples et pécheurs, pour agir à travers eux. Le prêtre n'est que la bouteille du « Holy White-Spirit », mais c'est Dieu qui est la puissance libératrice.

Dieu a donné aux hommes cette grâce extraordinaire. Les prêtres en sont dépositaires. Partout dans le monde, ils vous attendent. Parfois, ils restent des heures au confessionnal sans voir personne, à l'image de Dieu qui attend le retour de ses fils vers lui.

N'attendez plus, comme le dit l'apôtre Paul, « laissez-vous réconcilier avec Dieu » (2 Cor 5, 20) !

8

La parabole de l'aéroport ou qu'arrive-t-il si l'homme perd le sens de Dieu ?

Depuis longtemps, des hommes prédisent la fin de l'Église. Il est vrai qu'elle n'est pas en très bonne santé en Europe occidentale, mais pourtant elle est toujours là. Depuis sa fondation par le Christ, elle a subi de redoutables épreuves, des persécutions des trois premiers siècles en passant par la Révolution dans notre pays. Ceux qui ont voulu anéantir la spiritualité ont été obligés d'employer la force, un État qui veut être totalement athée ne peut devenir que totalitaire car l'homme est un être spirituel.

J'ai goûté aux restes d'un État totalitaire sans Dieu en 2005. Cette année-là avaient lieu à Cologne les Journées mondiales de la jeunesse (JMJ) avec le tout nouveau pape Benoît XVI.

Mgr Tomasz Peta, archevêque du diocèse d'Astana au Kazakhstan, me demande de venir prêcher dans un festival de deux cents jeunes catholiques qui n'ont pas les moyens de se déplacer en Allemagne.

Le Kazakhstan fait partie du bloc de l'ex-URSS. Ce pays de l'Union soviétique a été marqué par la philosophie de Karl Marx qui affirmait que la religion, c'est « l'opium du peuple ». Il pensait que lorsque l'homme ne se sent pas bien, lorsqu'il a un problème, qu'il a peur de la mort, il s'invente un Dieu pour aller mieux. Comme s'il sniffait un rail de coke spirituelle. Dieu ne serait qu'une pure illusion. Pour libérer l'homme de cette illusion, le régime communiste a tout fait pour supprimer la religion de son pays. Mais malgré tous les moyens mis au service de son endoctrinement, le peuple continuait à pratiquer. Alors, le régime a fermé les églises, emprisonné et assassiné les prêtres. Il s'est mis à persécuter les croyants en les envoyant par milliers dans les goulags. Staline a détruit trois cent cinquante édifices religieux dans la ville de Moscou et fait raser la cathédrale en 1931. Khrouchtchev y fera construire une piscine municipale à la place.

C'est donc dans ce pays marqué au fer rouge du communisme que je viens prêcher. Un ami prêtre et organisateur du festival, le père Jean-Marie Cettou, me récupère à l'aéroport d'Astana et m'emmène en minibus pour deux jours de voyage à travers la steppe, direction le petit village d'Ojornie, tout au nord du pays. Nous arrivons au village, épuisés par la route, la veille du festival. Le père Jean-Marie m'emmène dormir chez une vieille dame, une « babouchka ». Le soir, pendant le repas, elle me raconte l'histoire incroyable de son village.

Elle est polonaise. Les Russes ont déporté sa famille de Pologne vers le Kazakhstan en 1936. Elle avait 1 an lorsqu'elle est arrivée là avec des dizaines d'autres Polonais, dans cette région complètement isolée du Caucase. Ils n'avaient rien et devaient construire un nouveau village. L'armée russe les surveillait, un commandant dirigeait les travaux. Il fallait lui demander la permission pour quitter le village. Si quelqu'un enfreignait la règle, on ne le revoyait plus, il disparaissait à tout jamais, envoyé plus loin encore en Sibérie, ou tout simplement exécuté. Les déportés devaient construire tous ensemble pour tout le monde. Chaque maison devait être identique, il ne fallait surtout pas que la hauteur d'un toit dépasse l'autre. Lorsque l'hiver arrivait, ils arrêtaient de construire, et s'entassaient ensemble en attendant la belle saison pour reprendre la construction. Une fois la maison achevée, ils travaillaient dans les kolkhozes, ces grandes fermes agricoles. Un modèle sociétal plein d'idéalisme mais en réalité au détriment du peuple, car tout ce qui était produit était envoyé en Russie.

Après la chute du communisme en 1991, la dégringolade du pays continue ! Situation tragique dans un décor tragique : chaque village a désormais son cimetière de machines agricoles, véritable décor à la *Mad Max*, étranges ruines de la fin du XXe siècle.

Bien entendu, il n'était pas question de pratiquer sa foi ouvertement sous peine de répressions. Mais en

1989, deux ans avant l'indépendance, la babouchka a senti venir le changement dans l'intransigeance du régime. Elle a fait alors plusieurs demandes auprès de Moscou jusqu'à ce qu'elle obtienne l'autorisation de faire construire une église. Dès qu'ils l'ont reçue, tous les gens du village ont construit l'édifice eux-mêmes. Lorsque l'église fut à peine sortie de terre d'un mètre cinquante, la babouchka a aussitôt écrit au primat de Pologne de leur envoyer un prêtre. Le premier prêtre arrivé là n'est autre que le père Tomasz, devenu plus tard archevêque d'Astana. Ce petit village d'exportés du régime athée est devenu le lieu de rassemblement de tous les jeunes du pays, une oasis de foi dans ce désert communiste.

Dans ce pays immense de plusieurs millions d'habitants, l'État totalitaire de l'URSS a voulu empêcher la population de s'élever vers Dieu mais il a échoué. Car l'homme est fait pour Dieu !

Aujourd'hui les chrétiens ne sont plus persécutés dans les pays de l'Est, mais la foi continue d'être sournoisement rejetée en Occident. Citons par exemple un événement qui a défrayé la chronique en 2010. La Commission européenne édite depuis sept ans un agenda pour promouvoir l'Europe et ses institutions auprès des jeunes. Ce support pédagogique est envoyé aux établissements scolaires et aux professeurs qui en font la demande. L'agenda a été distribué à 3,2 millions d'exemplaires à travers l'Europe dont 320 000 environ en France. En bas de page, des notes accompagnent les lycéens tout au long de l'année scolaire 2010-2011 en soulignant certaines dates clés : Journée internationale de la femme le 8 mars, Saint-Valentin le 14 février, Halloween le 31 octobre, fête de l'Europe le 9 mai... L'année est aussi ponctuée de devinettes et de citations. Le ramadan apparaît en septembre et la fête des lumières, célébrée par les sikhs et les hindous, le 5 novembre. Au 24 décembre figure une mention étonnante : « Le premier sapin de Noël public a été "érigé" sur la place centrale de Tallinn (capitale de l'Estonie) en 1441. » La fête de la naissance du Christ n'est pas mentionnée. Dans la version française du manuel, Pâques, Pentecôte et Ascension ne sont pas citées.

Après la Pologne et l'Italie, la France s'émeut officiellement de cette omission de toute référence chrétienne dans ce manuel pédagogique, alors que des fêtes juives, hindoues, sikhes et musulmanes sont évoquées.

Laurent Wauquiez, ministre chargé des Affaires européennes à cette époque, est consterné :

— Cet oubli est l'illustration d'une Europe qui n'assume pas ses racines chrétiennes et, ce faisant, se renie. On ne doit pas avoir honte de l'Europe des clochers, qui est constitutive de notre identité. Rien n'obligeait à évoquer les fêtes religieuses. Si on choisit de le faire, alors faisons-le jusqu'au bout[1].

1. Cité dans l'article de Delphine Hayet paru dans *Le Figaro* le 13 janvier 2011.

Soucieuse de l'ampleur que prend l'affaire de l'agenda en Pologne et en Italie, la Commission européenne reconnaît « une bourde », et présente ses excuses. Une lettre « reconnaissant l'erreur » a été envoyée aux proviseurs concernés. Une page rectificative, listant les jours fériés nationaux, a été glissée dans les manuels.

La parabole de l'aéroport

Après la forme violente du communisme, nous sommes dans la forme plus sournoise de la laïcité radicale. Pourtant, je suis convaincu que si l'homme perd le sens de Dieu, il se perd lui-même. C'est ce que je voudrais vous expliquer avec la parabole de l'aéroport.

Lorsque j'ai pris l'avion de Paris pour Astana, j'ai dû faire une escale à Francfort. À peine débarqué sur le sol allemand, nous apprenons que l'avion pour Astana est en panne. J'attends toute la journée les informations qui tombent petit à petit pour finalement apprendre en fin de journée que l'avion ne sera réparé que dans deux jours car la pièce doit transiter par l'Angleterre !

Pendant cette longue attente dans l'aéroport, je relis un document qui m'est très cher, *Redemptoris Missio*, la lettre apostolique sur la Mission que Jean-Paul II a écrite en 1990.

Au numéro 2, le Pape écrit ceci : « Le monde actuel, lequel connaît des conquêtes admirables mais semble avoir perdu le sens des réalités ultimes et de son existence même[1]. »

C'est vrai. L'homme est capable d'aller sur la Lune, il est capable de construire des avions de plus en plus puissants et rapides qui nous permettent de nous déplacer en quelques heures à l'autre bout de la planète, et en même temps, l'homme est de plus en plus démuni dans sa quête du sens de son existence.

Un peu plus loin au numéro 8, le pape renchérit : « Dans le monde moderne, il existe une tendance à réduire l'homme à la seule dimension horizontale. »

Au moment où je lis ces mots, je lève les yeux et je suis attiré par une scène originale. Sur le tarmac de cet aéroport – le plus grand d'Europe –, une longue file d'avions qui attendent patiemment de prendre leur envol. Je souris, amusé. Les avions sont collés les uns aux autres comme des voitures dans un bouchon à l'heure de pointe.

Les mots de Jean-Paul II résonnent alors en moi : « Le monde moderne a tendance à réduire l'homme à la seule dimension horizontale. »

J'imagine alors ces avions qui sortent par une grande porte de l'aéroport et qui se mettent à rouler sur les autoroutes. La scène devient de plus en

1. *Redemptoris Missio*, Jean-Paul II, 1990, n° 2.

plus cocasse. Voilà un grand Boeing 747 qui arrive à un croisement en klaxonnant. Voilà un gendarme perché sur un escabeau faisant de grands signes pour faire la circulation. Voilà des avions de tous les pays qui circulent sur toutes nos autoroutes d'Europe ! C'est bien entendu absurde et ridicule !

Je vous propose de comparer les avions aux hommes. L'avion est fait pour voler, comme l'homme est fait pour s'élever vers Dieu. Un homme qui perd le sens de Dieu est semblable à un avion qui reste au sol au lieu de décoller. Il continue de rouler. Quand l'homme perd le sens de Dieu, quand il nivelle toute sa vie sur le seul plan horizontal, quand il ne veut même plus parler des fêtes religieuses, l'homme devient comme un avion qui passe sa vie à rouler sur les autoroutes sans jamais décoller. C'est absurde et ridicule.

Or, nous sommes faits pour la vie spirituelle, nous sommes faits pour Dieu, nous sommes faits pour la méditation. Découvrir notre dimension spirituelle est essentiel pour vivre pleinement notre humanité. Nous sommes faits pour Dieu comme l'avion est fait pour décoller. Prenons les moyens de notre envol, tirons sur le manche de toutes nos forces, devenons ce que nous devons être !

9

La parabole du légionnaire ou pourquoi Dieu permet les épreuves ?

Comme je l'ai expliqué précédemment, mon père Gunter est né en 1934 à Stettin, une ville située à l'est de l'Allemagne. Il avait 11 ans à la fin de la Seconde Guerre mondiale lorsque les Russes ont envahi sa ville. Ils ont confisqué sa maison et chassé sa famille. Gunter est donc parti à pied avec ses parents vers l'ouest, à Hambourg. Le grand-père blessé est mort en cours de route. Dans sa jeunesse, mon père nourrissait une haine contre les « bolcheviks ». Après avoir reçu une formation de soudeur-chauffagiste, il s'est engagé à 20 ans dans la Légion étrangère. Il voulait « casser du rouge » en Indochine. Mais à cette époque, la France a abandonné sa lutte en Asie pour se concentrer sur l'Algérie où la tension montait de plus en plus. Mon père fut donc envoyé en Afrique du Nord pour sept années de guerre de 1955 à 1962. Sept années d'un conflit horrible dont il est revenu marqué à vie. Comme la plupart des soldats rentrés du front, il ne parle pas de ce qu'il a vécu et vu. Mais en 1997, il me remet un manuscrit de cinq cents pages dans lequel il raconte ses années de combat, de souffrance, d'interrogation, de victoire, de défaites, pas seulement face à l'ennemi, mais aussi face à ses démons personnels, en particulier celui de l'alcool. Une façon pour lui de faire sortir ces horreurs trop longtemps restées enfermées à l'intérieur. En lisant son histoire, j'ai découvert qu'il était un soldat courageux et vaillant. Il s'est distingué au front, il a reçu plusieurs décorations dont la croix de la valeur militaire avec l'étoile de bronze et la citation à l'ordre du régiment pour un acte de bravoure au combat. Arrivé simple soldat, il est devenu caporal-chef ce qui, à la Légion, est une belle progression.

Mais s'il brillait au combat, il en allait tout autrement à la caserne. Là, sous l'effet de l'alcool, il devenait incontrôlable et déclenchait des bagarres, y compris envers des officiers. À chaque fois, il passait au tribunal militaire et écopait d'une punition au cachot. Les officiers ne le renvoyaient pas car ils savaient que ces soldats forte tête sont souvent les plus vaillants au front.

Mais il y eut cette fois de trop en août 1961. Gunter a frappé un lieutenant qui l'avait déjà pris en aversion. Cette fois, la peine fut sévère. Alors que la guerre d'Algérie touchait à sa fin, il fut condamné à une peine d'un an dans le camp disciplinaire de la

Légion. Il est arrivé dans ce redoutable camp de redressement à Djenien Bou-Rezg près de Sidi Bel Abbès en août 1961. Il devait casser des cailloux dans des conditions très dures en plein désert du Sahara. Les punitions étaient effroyables, comme celles de creuser une tombe, d'y rester allongé dedans toute la journée en plein soleil puis toute la nuit dans le froid glacial. Les supérieurs augmentaient le supplice en jetant des seaux d'eau à l'entrée de la nuit. La plupart de ses gardiens étaient d'anciens officiers SS. Ils avaient dû choisir à la fin de la guerre entre la peine de mort ou l'engagement à la Légion. Lorsque la France a dû quitter définitivement l'Algérie, le camp disciplinaire a été rapatrié dans la ville de Corte en Corse, puis il fut définitivement fermé dans les années 70. Beaucoup de prisonniers sont morts dans ces camps disciplinaires ou sont devenus fous. Mon père est sorti du camp de Djenien Bou-Rezg en août 1962. Bien amoché, mais vivant ! Ce qui l'a sans doute sauvé, c'était sa résistance physique due à ses années de combat.

La parabole du légionnaire

Lorsqu'un chrétien qui suit fidèlement tous les principes de l'Évangile enseignés par le Christ et son Église se trouve plongé dans de grandes épreuves, il peut ressentir comme une sorte d'injustice. Pour vous expliquer pourquoi Dieu permet les épreuves, je vous propose la parabole du légionnaire.

Trois types d'adversité

On peut faire un parallèle entre la vie du soldat et celle du chrétien confronté à l'épreuve. Le soldat doit faire face à trois types d'adversité : celles qui sont en lui : la maladie, la dépression, les addictions. Celles qui viennent de l'ennemi sur le champ de bataille. Et celles qui viennent de l'entraînement imposé par les supérieurs à la caserne.

Dans la vie spirituelle, nous sommes nous aussi confrontés à trois types d'épreuves. Celles qui viennent de nous : notre tempérament, notre caractère, nos mauvais penchants. Celles qui proviennent de notre ennemi : le diable. Et les épreuves permises par Dieu pour nous entraîner à résister au mal.

Notre faiblesse

Commençons par les épreuves qui viennent de nous-mêmes. Trop souvent nous attribuons nos tentations au démon alors que la plupart proviennent de nous-mêmes. C'est une erreur lourde de conséquences car lorsque nous attribuons nos tentations à une cause extérieure à nous, nous nous situons en victimes, et nous ne faisons pas le travail nécessaire en nous-mêmes pour nous en sortir. La plupart des épreuves ne viennent pas du diable mais de notre propre faiblesse, comme le dit si bien l'apôtre Jacques :

« Chacun est tenté par sa propre convoitise qui l'entraîne et le séduit. Puis la convoitise conçoit et entraîne le péché et le péché, arrivé à son terme, engendre la mort » (Jc 1, 14).

Les Pères de l'Église ont traduit ce processus de la tentation par cette formule bien connue : « Je vois une pomme, je prends l'échelle, je croque la pomme. » Dans la première étape, lorsque je vois une pomme, il n'y a pas péché. Mais si j'adhère à cette suggestion, si je prends l'échelle en me disant : « Ce n'est pas grave, je ne fais que la regarder de plus près, je m'arrêterai avant », la plupart du temps, il est déjà trop tard, je croque la pomme. Autrement dit, pour résister aux tentations, comprendre le mécanisme permet de ne pas faire de compromis.

Le démon

D'autres épreuvcs proviennent aussi du démon. Saint Pierre écrit : « Soyez sobres, veillez : votre adversaire, le diable, comme un lion rugissant, rôde, cherchant qui dévorer » (1 p 5,8).

C'est un peu navrant de constater que certains catholiques ne croient pas au diable. Ils pensent que le mal est simplement causé par le mal que l'homme fait autour de lui. Si le diable n'existe pas, il faut retirer des passages entiers du Nouveau Testament dans lequel on voit concrètement Jésus chasser les démons. Jésus a envoyé ses propres disciples avec pour mission de chasser les démons en son nom. Comme nous l'avons dit plus haut, il y a eu sans doute des époques pendant lesquelles on voyait le diable partout, et ce fut une erreur. Mais ne le voir nulle part est une erreur bien pire. Quelqu'un disait que la plus grande ruse du diable est de faire croire qu'il n'existe pas ! Car si nous ne croyons pas en son existence, nous ne nous méfions pas de lui. Il a donc beaucoup plus de facilité pour agir à notre insu.

Lors de mes premières années de sacerdoce, j'étais le prêtre accompagnateur d'une aumônerie de lycée. Un jeune de 17 ans nous confiait qu'il avait de gros troubles du sommeil. Il nous disait aussi qu'il ne pouvait pas se passer de regarder tous les soirs des films d'horreur. Pour nous, c'était évident que c'était lié, mais pas pour lui. Il nous disait que ces films d'horreur n'étaient que des scènes arrosées de ketchup et n'avaient aucune incidence sur sa vie ! Je pense que le démon devait se frotter les mains. L'attitude juste consiste à ne pas voir le diable partout, mais il faut s'en méfier tout de même !

L'entraînement

C'est pour nous permettre de « résister au diable avec la force de la foi » (1P 5,9) que le Seigneur permet les épreuves. Beaucoup se plaignent car ils en ont assez de toujours lutter, ils voudraient que le Seigneur les délivre de toutes leurs faiblesses d'un coup de baguette magique afin de trouver enfin la paix. Bien entendu, le Seigneur veut que tous ses enfants soient libérés de ce qui les fait tomber, mais il agit rarement comme un magicien. Sa méthode est plutôt de nous entraîner à résister au mal comme un officier entraîne ses soldats à la caserne en vue de la bataille.

Imaginons un parcours du combattant pour légionnaire en Guyane. Les obstacles se succèdent au cœur de la jungle humide. Chaque fois que le légionnaire chute, il tombe dans la boue et il a de plus en plus de mal à se hisser sur les barrières de bois devenues glissantes. Chaque chute demande plus d'énergie. Épuisé, le soldat est tenté de se décourager, et même de se révolter contre son supérieur, pourquoi un tel traitement ? N'est-ce pas ce que nous faisons nous aussi lorsque nous nous révoltons contre Dieu parce que nous tombons et retombons dans nos travers ? Nous savons que Dieu a le pouvoir de nous libérer de nos faiblesses comme l'officier a le pouvoir de nous faire arrêter ce parcours du combattant. Mais pourquoi le commandant nous oblige-t-il à persévérer sur ce parcours ? Il n'est pas sadique mais il veut que ses soldats sortent vivants de la bataille. Plus ils seront entraînés, plus ils auront de chances de revenir du front. Ainsi le Seigneur permet que nous soyons confrontés à l'épreuve pour nous fortifier dans le combat et nous permettre d'obtenir des victoires dans des combats plus grands. C'est ce que nous dit l'apôtre Paul :

« La détresse, nous le savons, produit la persévérance ; la persévérance produit la victoire dans l'épreuve ; la victoire dans l'épreuve produit l'espérance ; et l'espérance ne trompe pas, puisque l'amour de Dieu a été répandu dans nos cœurs par l'Esprit saint qui nous a été donné » (Rom 5,3-5).

Les obstacles

Remarquons que le commandant n'a pas mis sur son parcours des obstacles infranchissables, il ne veut pas mettre ses soldats en situation d'échec. Tous les obstacles proposés sont à la portée des légionnaires. Ils peuvent les franchir à force de volonté et de persévérance. Il en est de même à propos des épreuves que Dieu permet pour nous fortifier :

« L'épreuve qui vous a atteints n'a pas dépassé la mesure humaine. Dieu est fidèle : il ne permettra pas que vous soyez tentés au-delà de vos forces. Mais avec la tentation il donnera le moyen d'en sortir et la force de la supporter » (1 Co 10,13).

À la hauteur de notre appel

Un dernier point : les légionnaires sont une armée d'élite. Leur entraînement est à la hauteur de leurs interventions stratégiques dans le monde. Il ne faut pas s'étonner si les chrétiens qui s'engagent au service du Christ et de la Mission sont particulièrement éprouvés. De leur capacité à remporter des petites victoires sur eux-mêmes dépendent peut-être des grandes victoires pour l'Église.

Oui, ne soyons pas troublés si nous sommes toute notre vie confrontés à l'épreuve car, comme le disait si bien le saint curé d'Ars : « Tous les soldats sont bons en garnison. C'est sur le champ de bataille que l'on fait la différence des courageux et des lâches[1]. »

1. Abbé Bernard Nodet, *Le Curé d'Ars, sa pensée, son cœur*, Éditions Xavier Mappus, 1995, p. 169.

10

La parabole du chemin ou comment respecter toutes les religions ?

Nous sommes le 15 août 1999. Je quitte Lourdes à pied direction Saint-Jacques-de-Compostelle. Je prévois d'y arriver le 14 septembre, jour de la fête de la Croix glorieuse. Cette année est particulière car le 25 juillet, fête de saint Jacques, tombe un dimanche. Du coup, l'Église déclare ces années des « années sainte-compostellane » : les pèlerins bénéficient de grâces particulières lorsqu'ils font le chemin.

Des pèlerins de plus en plus nombreux viennent de toute l'Europe pour se diriger vers la tombe de l'apôtre en Espagne. Tout le monde peut décider de partir de chez lui. Traditionnellement, les pèlerins rejoignent un des quatre chemins officiels qui partent de la France. Un premier chemin part de Paris et traverse Tours. C'est la « voie de Tours ou via Turonensis ». Un deuxième chemin part de Vézelay et traverse Bergerac, c'est « la voie de Vézelay ou via Lemovicensis ». Le troisième est le plus connu, il part du Puy-en-Velay et traverse Conques et Rocamadour. C'est « la voie du Puy ou via Podiensis. » Ces trois chemins se rejoignent à la frontière entre la France et l'Espagne à Saint-Jean-Pied-de-Port pour y traverser les Pyrénées. Le quatrième chemin est celui que j'ai emprunté. Il part d'Arles, traverse Saint-Guilhem, Montpellier, Toulouse puis les Pyrénées par le col du Somport. C'est « la voie d'Arles ou via Tolosana. ». Les quatre chemins se rejoignent de l'autre côté des Pyrénées en Espagne à Puente la Reina, pour ne faire plus qu'un seul chemin, le « Camino Francés ».

Je veux vivre ce mois comme une grande retraite. Cela fait déjà cinq ans que je suis prêtre et je veux profiter du chemin pour faire une bonne relecture de mon ministère. Mais je veux aussi emporter ceux que j'aime sur ce chemin. Chaque jour, j'offre ma marche pour une personne différente. Je grave son nom sur mon grand bâton de marche, le traditionnel bourdon de pèlerin.

Sur le chemin, je rencontre de nombreux pèlerins. Ils sont tous très différents et n'ont pas le même but. Certains recherchent plutôt un exploit sportif, mais la plupart sont en quête spirituelle. À Lourdes, la majorité des pèlerins sont des « croyants pratiquants ». Sur le chemin, ce sont plutôt des « marcheurs chercheurs ». Ils sont en quête mais n'ont pas forcément une pratique religieuse bien établie. Un jour, en me voyant marcher le chapelet à la main, une mama espagnole assise devant sa maison m'interpelle en me disant : « Ah, ça fait du bien de voir un pèlerin en train de prier le chapelet ! » Cette bonne chrétienne était visiblement ravie de voir passer « un pèlerin pratiquant ».

Même seul, je réalise très vite que sur le chemin, c'est toute une petite ville qui est en marche. Tout le monde s'arrête à peu près dans les mêmes refuges, et même si nous marchons à des allures différentes, nous nous retrouvons sans cesse au bout de quelques jours, nous nous dépassons, nous nous rattrapons. Très souvent de petits groupes d'affinité se forment.

Le 25 août, en arrivant à San Juan de Ortega, je rencontre un groupe de trois jeunes : Marie, Française, partie de Toulouse ; Ben, un Australien parti du Puy, et Neal, un Anglais d'origine hindoue qui habite Londres. Après une brève halte, ils décident de partir marcher de nuit. Le lendemain après-midi, je les rejoins alors qu'ils font une longue pause suite à leur nuit blanche. Nous échangeons longuement et je reprends ma route.

Plus tard, je fais la connaissance de Maria Sole, une danseuse de flamenco à Mexico, et d'Antonio, un père de famille professeur de français. Nous arrivons à Burgos en fin d'après-midi. Malheureusement, la cathédrale est fermée.

Le lendemain, je marche toute la journée avec Antonio et Maria Sole. Elle est très remontée contre l'Église d'Espagne à cause de ses liens avec Franco. Je passe beaucoup de temps à l'écouter et un peu de temps à lui faire comprendre que « le passé est dépassé », il faut tourner la page de l'Histoire et vivre avec l'Église du présent. Le soir, à Hornillos del Camino, nous nous arrêtons à une terrasse de café. Maria Sole nous avait parlé de son métier avec une telle passion qu'Antonio regrettait de ne pas pouvoir la voir danser. Ce n'est pas possible sans musique. Mais voilà qu'une voiture s'arrête à notre niveau, la musique à fond, une sévillane. Maria Sole lui demande gentiment de ne pas repartir tout de suite, et elle enchaîne deux sévillanes devant les yeux ébahis de tous les passants. C'est ça, la magie du chemin. Le soir, je les invite à célébrer avec moi la messe au refuge. Ils acceptent bien volontiers. J'avais partagé quelque chose de leur vie, ils étaient ouverts à partager quelque chose de la mienne.

J'ai pris l'option de ne pas rester avec les mêmes personnes, je pars donc le lendemain plus tôt, laissant ainsi la porte ouverte à des temps de méditation personnelle et à de nouvelles rencontres.

Entre Hontanas et Itero del Castillo, je rencontre un Français qui fait le chemin dans l'autre sens. Il me demande :

— Il paraît qu'il y a un prêtre qui fait le chemin, tu ne l'aurais pas croisé par hasard ?

— C'est moi.

— Alléluia ! J'ai entendu parler de toi aux autres étapes. Je reviens de Saint-Jacques, et je me dirige vers Rome, puis Jérusalem. Tu peux me confesser ?

J'ai été très impressionné par la foi et le courage de ce pèlerin.

Le 28 août, j'arrive dans un tout petit refuge particulier, le refuge de la chapelle San Nicolas. Il est tenu par des Italiens. Il n'y a qu'une dizaine de places disponibles. J'y retrouve Neal, le jeune Anglais et protestant. Un peu plus tard arrive Ben, l'Australien, catholique. Le soir, je célèbre la messe en italien, la première lecture est en allemand et je donne l'homélie en anglais. Après la messe, un hospitalier se met à nous laver les pieds et les embrasse. L'un d'entre eux tient une bougie et un troisième lit la prière du lavement des pieds. Un moment très émouvant. Puis ils nous invitent à dîner un bon plat de pâtes « al dente ». Un refuge parmi les plus marquants du chemin.

Le lendemain, je comptais poursuivre ma route seul, mais Ben et Neal me demandent s'ils peuvent m'accompagner car ils se posent beaucoup de questions sur la foi. J'accepte. Nous nous mettons en route. La question de Ben est simple : pourquoi notre religion chrétienne détiendrait la vérité et serait meilleure que les autres religions ? C'est d'autant plus important pour eux que Ben est un Australien aux racines irlandaises bien catholiques alors que Neal est un Anglais protestant mais d'origine hindoue. Plutôt que de rentrer dans une comparaison du christianisme avec les autres religions, je décide de leur exposer les fondements de notre foi. Je me mets donc à leur expliquer les Écritures : l'histoire d'Abraham, de Joseph en Égypte, de Moïse, du roi David, des prophètes, jusqu'à la naissance miraculeuse de Jésus, son ministère de prédicateur, les signes qu'il a accomplis, sa mort et sa résurrection. Les heures passent au rythme de nos pas, ils sont très attentifs, assoiffés. En fin d'après-midi, je leur raconte le passage émouvant des deux disciples d'Emmaüs (Luc 24). Le matin du dimanche de Pâques, Marie Madeleine a vu Jésus ressuscité. Elle l'a dit aux apôtres qui sont allés au tombeau mais qui n'ont pas vu Jésus. Alors, ces deux disciples ont quitté Jérusalem tout tristes car ils n'ont pas cru à l'annonce de la résurrection. Sur leur chemin, ils rencontrent Jésus qu'ils ne reconnaissent pas. Jésus leur explique les Écritures, leurs cœurs se réchauffent et ils comprennent alors que c'est bien lui, qu'il est ressuscité, bien vivant !

À ce moment de mon récit, le soleil descend dans notre dos. Neal est à ma droite, Ben à ma gauche. Nos trois ombres se reflètent sur le chemin, comme une gravure d'un livre. Ben me regarde et s'exclame :

— Mais René-Luc, c'est ce que nous sommes en train de vivre, Emmaüs !

Ben et Neal ont fait à ce moment-là une expérience spirituelle qui les a confortés dans leur foi.

La parabole du chemin

Lorsque Ben et Neal m'ont abordé, leur problème était celui de la différence entre les religions. Petit à petit, le sujet est devenu celui de la rencontre du Christ sur le chemin d'Emmaüs. Cette expérience m'emmène à vous proposer la parabole du chemin pour expliquer comment nous devons respecter toutes les religions.

Il est évident que la pratique de la religion dépend beaucoup du lieu de notre naissance : nous sommes juifs, chrétiens, musulmans, hindouistes ou bouddhistes en grande partie en fonction de nos racines familiales.

Athéisme ou fanatisme

Certains en déduisent que toutes les religions se valent. Il n'y en a pas une supérieure à l'autre, les différences entre les religions sont liées simplement à l'éducation. Si toutes les religions se valent, aucune ne détient la Vérité. Si aucune religion ne détient la vérité, ce n'est pas sûr que Dieu existe. La religion est plutôt le fruit de l'imagination de l'homme qui, dans toutes les cultures et civilisations, a besoin de se créer des dieux pour faire face aux angoisses et aux détresses de cette vie sur Terre. C'est la position de l'athéisme.

Mais si, au contraire, nous sommes convaincus que notre religion est la bonne, qu'elle détient la vérité, cela implique que les autres religions sont dans l'erreur. De là viennent les intolérances et les guerres de religion. C'est le danger du fanatisme religieux.

Un rayon de vérité

Il faut donc éviter ces deux écueils. Prenons l'exemple du chemin. Pour aller jusqu'à Saint-Jacques-de-Compostelle, il y a beaucoup de voies différentes. Elles sont toutes variées et les marcheurs ont tous des attentes différentes. De même qu'il y a quatre chemins officiels en France, il y a quatre grandes religions non chrétiennes dans le monde : l'hindouisme, le bouddhisme, le judaïsme et l'islam.

Lors du concile Vatican II en 1965, l'Église catholique s'est exprimée clairement sur ces quatre religions :

« L'Église catholique ne rejette rien de ce qui est vrai et saint dans ces religions. Elle considère avec un respect sincère ces manières d'agir et de vivre, ces règles et ces doctrines qui, quoi qu'elles diffèrent en beaucoup de points de ce qu'elle-même tient et propose, cependant apportent souvent un rayon de la vérité qui illumine tous les hommes[1]. »

Toutes les religions possèdent donc « un rayon de la vérité » qui illumine tout homme.

1. *Nostra Ætate*, 1965, n° 2.

Le pape Jean-Paul II a beaucoup œuvré pour ce respect entre les religions. Très souvent, il a organisé des journées mondiales pour la paix à Assise où il a convié les différents responsables religieux. Il nous invitait à reconnaître « les semences du Verbe » présentes et agissantes dans les diverses religions :

« Ces “semences du Verbe” sont un reflet de l’unique Verbe de Dieu qui s’est fait chair en Jésus-Christ. Elles sont un effet de l’Esprit saint qui “souffle où il veut” (Jn 3, 8). C’est à travers la pratique de ce qui est bon dans leurs propres traditions religieuses et en suivant les injonctions de leur conscience que les membres des autres religions répondent positivement à l’invitation de Dieu et reçoivent le salut en Jésus-Christ, même s’ils ne le reconnaissent pas comme leur Sauveur. À travers l’application des préceptes et des pratiques conformes à la loi morale et à l’authentique sens religieux, se manifeste un rayon de la Sagesse divine. Précisément en vertu de la présence et de l’action de l’Esprit, les éléments de bien à l’intérieur des diverses religions disposent mystérieusement les cœurs à accueillir la révélation plénière de Dieu en Jésus-Christ[1]. »

J’ai eu plusieurs fois l’occasion de faire des voyages en Terre sainte : lorsque je prie avec mes frères juifs au mur des Lamentations, je suis toujours bouleversé. Je dois au passage préciser que, parmi toutes les religions, il y a un lien étroit entre le judaïsme et

1. Jean-Paul II, audience du 9 mars 1998.

le christianisme, qui est le lien du frère aîné avec le frère cadet. L'apôtre Paul en parle magnifiquement dans l'Épître aux Romains aux chapitres 9-10-11. Comment ne pas voir dans cette ferveur de nos frères juifs au Mur, dans leur joie, une action du Rouah Hakodesh, du « Saint-Esprit » ?

J'ai eu aussi l'occasion de faire plusieurs treks dans le désert du Sinaï. Nous étions à chaque fois guidés par une tribu de Bédouins. Le matin et le soir, alors que nous célébrions nos offices ou la messe, les plus anciens faisaient leur prière en direction de La Mecque prosternés sur leur tapis en plein désert. Il y avait une telle paix, une telle bonté en eux, bien loin de tout fanatisme religieux. Comment ne pas voir une semence de l'amour de Jésus dans leur démarche de prière ?

Jésus lui-même parle de ceux qui ne le connaissent pas :

« J'ai encore d'autres brebis, qui ne sont pas de cet enclos : celles-là aussi, il faut que je les conduise. Elles écouteront ma voix : il y aura un seul troupeau et un seul pasteur » (Jn 10,16).

Convergence

Comme les quatre chemins de Saint-Jacques se rejoignent à Puente la Reina en un seul chemin, le « Camino Francés », ainsi, d'une manière ou d'une autre, nous croyons que les pèlerins des quatre religions non chrétiennes se rejoindront sur le chemin du christianisme : Jésus est « le chemin, la vérité et la vie » (Jean 14,6).

Oui, Jésus s'est fait homme pour ramener tous les hommes de la planète à Dieu. Jésus est le messie que les juifs attendaient depuis Abraham et qu'ils attendent encore aujourd'hui. Jésus est le chemin, la vérité et la vie pour les musulmans qui, six cents ans après la mort de Jésus, ont créé la nouvelle religion de l'islam. Il est le sauveur de tous les hommes quelles que soient leur race ou leur couleur de peau. Il n'y a pas d'autre Dieu que Lui, et il est l'unique moyen d'aller vers le Père :

« Il n'y a qu'un seul Dieu ; il n'y a aussi qu'un seul médiateur entre Dieu et les hommes : un homme, le Christ Jésus » (1Tim 2,5).

Cette conviction nous évite tout relativisme. Il ne peut pas y avoir plusieurs vérités. Le chrétien doit être serein en mettant toute sa foi en Jésus mort et ressuscité pour tous les hommes.

Conviction, respect, amour

Cependant, cette conviction ne doit en aucun cas nous faire tomber dans aucune forme d'intégrisme. Chacun peut être convaincu de sa religion tout en respectant profondément les autres. Car nous devons nous réjouir de cheminer tous ensemble sur le chemin de la foi.

Malheureusement, certains courants religieux véhiculent la haine et la violence « au nom de Dieu ». Il est inadmissible qu'il puisse exister encore au XXIe siècle des guerres de religion, il est impensable qu'une religion en persécute une autre, ou qu'elle pousse à la conversion. La liberté religieuse exige que tout homme dans tous les pays puisse accéder librement à la religion de son choix, même si cette religion n'est pas dans les racines de son pays. Si par exemple il est possible pour tout musulman d'exercer librement sa religion en terre chrétienne, il faudrait que la réciproque soit vraie et que tout chrétien puisse exercer librement sa religion en terre musulmane. Il semblerait que de plus en plus de pays évoluent en ce sens, mais d'autres au contraire se durcissent de plus en plus ; il reste encore beaucoup de chemin à faire.

Comment donc discerner ce qui est acceptable dans une religion de ce qui ne l'est pas ? C'est bien simple, Dieu est Amour. Si nous reprenons l'image du chemin, tous les chemins ne peuvent être qu'amour. Si toutes les religions vivent dans l'amour, il n'y aura plus aucune violence au nom de Dieu et la liberté religieuse sera assurée dans tous les pays. Il n'y aura plus que des convictions et des propositions respectueuses.

Si nous restons dans cette attitude de respect et de tolérance, dans ce climat d'amour, il est paradoxalement normal qu'un chrétien parle de Jésus à son frère d'une autre religion. Il est normal de proposer aux autres Celui qui est le chemin vers le Père. Ce serait une erreur de ne pas parler de sa foi aux autres religions sous prétexte de respect, l'amour pousse à parler de Jésus, mais il convient de le proposer sans jamais l'imposer !

En ces temps de troubles dans notre pays, il est facile de faire des religions les boucs émissaires. Voilà une nouvelle occasion bien simple de se détourner de Dieu. Alors que, plus que jamais, justement en cette période de troubles, l'homme doit retrouver le chemin de la foi. Cette foi qui inspire l'amour, le respect, la tolérance. Plus que jamais le monde a besoin de se mettre vraiment à l'écoute du message de paix de l'Évangile. Ne nous trompons pas de combat !

11

La parabole du voilier ou pourquoi est-ce si important de prendre du temps pour prier ?

La plus grande révolution de notre génération actuelle est sans doute notre rapport au temps. Tout s'accélère et nous ne pouvons plus vivre sans nos plannings professionnels ou personnels synchronisés sur notre téléphone portable, notre ordinateur au travail et à la maison. Pour garder du temps pour soi, ou pour les autres, nous sommes de plus en plus obligés de planifier des zones réservées.

Je suis prêtre depuis le 26 juin 1994, et j'ai toujours exercé un ministère principalement dédié aux jeunes. J'ai entendu et j'entends encore très souvent cette même plainte :

— Mon père s'est toujours donné à fond dans le travail, mais il était absent.

Beaucoup de parents veulent donner le meilleur pour leurs enfants, ils travaillent dur pour que les enfants ne manquent de rien. Mais le bien le plus précieux qu'un père ou une mère puisse donner à ses enfants, c'est de son temps. Le temps que vous donnez à quelqu'un a une valeur inestimable, personne ne pourra jamais vous le rendre, il est donné pour la vie ! Il est pris sur votre vie. D'où la nécessité de prendre le temps de trouver du temps.

Imaginez que votre meilleur ami habite votre quartier. Autrefois, vous passiez beaucoup de temps à papoter avec lui dans le bar du coin. Mais maintenant, vous êtes marié et submergé par votre vie professionnelle. Vous passez presque tous les jours devant la maison de votre ami, mais vous n'avez plus le temps de vous arrêter. Heureusement, il vous reste le téléphone et vous l'appelez de temps en temps. Si votre ami est dans la même spirale que vous, il se contentera de cette nouvelle relation devenue beaucoup plus superficielle. Mais si, au contraire, il souhaite garder solide votre lien d'amitié et qu'il ne comprend pas votre évolution, sans doute qu'il cessera petit à petit d'être votre meilleur ami. Insidieusement, c'est votre travail qui risque de devenir votre meilleur ami.

Il en est de même dans notre relation à Dieu. Il désire entretenir un lien d'amitié avec nous, et pour cela, il faut Lui consacrer du temps. Lui de son côté a tout son temps, Il est le temps. Ce temps donné à Dieu, c'est la prière. Ce n'est pas facile de planifier ce temps gratuit pour Dieu et pourtant, c'est essentiel. Si nous ne prenons pas suffisamment de temps pour Lui et avec Lui, il ne faut pas s'étonner si notre relation d'amitié avec Dieu change au point de disparaître petit à petit.

Le premier combat du chrétien, ce n'est pas le combat contre l'orgueil, contre les vices de l'argent ou de l'impureté... Non, le premier combat du chrétien, c'est le combat de la prière comme nous l'explique si bien le catéchisme de l'Église :

« La prière suppose toujours un effort. Elle est un combat. Contre qui ? Contre nous-mêmes et contre les ruses du Tentateur qui fait tout pour détourner l'homme de la prière, de l'union à son Dieu. Le combat spirituel de la vie nouvelle du chrétien est inséparable du combat de la prière[1]. »

C'est simple à dire mais tellement dur à vivre. Nous sommes tous menacés par l'activisme. C'est la menace principale qui plane sur la vie des consacrés. Je suis bien placé pour savoir que c'est aussi une difficulté pour nous, les prêtres. Nous sommes nombreux à essayer d'être fidèles au temps d'oraison quotidien. Mais quelle que soit notre spiritualité, nous expérimentons tous que nous ne vivons pas notre ministère de la même manière les jours où nous n'avons pas consacré suffisamment de temps à la prière.

J'en ai fait l'expérience lorsque j'étais diacre. Pendant toute mon année diaconale, j'ai mis sur pied une mission d'évangélisation énorme. Aidé par un ami qui avait fait le cours de théâtre Simon à Paris, nous avons

1. Catéchisme de l'Église catholique, 1997, n° 2725.

monté trois spectacles d'évangélisation. Nous nous sommes procuré un chapiteau de cirque de deux cents places, un camion, un grand bus. Nous avons réuni quarante jeunes missionnaires, et nous sommes partis pour une tournée au mois de juillet 1993 à Port-Camargue, Aigues-Mortes et dans le Gard. Je me suis tellement investi pour préparer ce projet que petit à petit, insidieusement, au fil des mois, j'ai grignoté sur mon temps d'oraison, jusqu'à même l'abandonner. Pourtant, depuis mon entrée au séminaire en 1986, j'étais le plus possible fidèle à cette heure de prière silencieuse quotidienne qui fait partie de ma formation spirituelle.

Cette tournée d'évangélisation a été une réussite pour les quarante jeunes missionnaires qui en gardent un souvenir incroyable, mais les fruits auprès des personnes évangélisées ont été minimes. Peu de public, et peu de rencontres marquantes. C'était beaucoup d'activité pour très peu de résultat. J'ai compris alors cette formule déjà entendue : « Attention, faire une œuvre pour Dieu, ce n'est pas forcément faire l'œuvre de Dieu. » En ne mettant plus Jésus au centre, j'ai perdu sans doute le discernement. Je faisais beaucoup pour lui, mais tout sans lui. Aujourd'hui, lorsque nous faisons des missions l'été avec CapMissio et Anuncio sur les plages de l'Hérault, nous restons bien fidèles au temps d'oraison quotidien. Avec beaucoup moins de moyens, nous rejoignons des centaines de personnes, les fruits sont nombreux, des personnes prient, se confessent, retrouvent le chemin de la foi au point que d'années en années des jeunes rencontrés en évangélisation sont eux-mêmes devenus évangélisateurs.

Quels que soient notre vie et notre appel, nous sommes tous appelés à remettre Jésus au centre de notre vie par la prière. J'aime beaucoup le saint curé d'Ars. Il commençait toutes ses journées par un temps d'oraison devant le tabernacle avant d'enchaîner par un ministère incroyablement chargé, jusqu'à douze heures de confessions par jour. Il raconte comment il a été bouleversé par un de ses paroissiens qui pratiquait lui aussi l'oraison :

« Il y avait un homme qui ne passait jamais devant l'église sans y entrer. Le matin quand il allait au travail, le soir quand il en revenait, il laissait à la porte sa pelle et sa pioche, et il restait longtemps en adoration devant le saint sacrement. J'aimais bien ça. Je lui ai demandé une fois ce qu'il disait à Notre Seigneur pendant ses longues visites qu'il lui faisait. Savez-vous ce qu'il m'a répondu ? "Monsieur le Curé, je ne lui dis rien. Je l'avise et il m'avise. Je le regarde, il me regarde[1]". »

Se laisser regarder par le bon Dieu. Cela semble si étrange pour quelqu'un qui n'y est pas habitué. Lorsque les jeunes étudiants arrivent dans notre école d'évangélisation CapMissio, ils ont déjà une

1. Abbé A. Monnin, *Esprit du curé d'Ars*, Éditions Téqui, 1975, p. 96.

vie de prière. Puisqu'ils viennent s'engager dans la mission, ils ont déjà une bonne pratique avant de nous rejoindre. Ils vont bien sûr à la messe tous les dimanches et parfois même en semaine. Tous lisent régulièrement la Parole de Dieu. Certains même prient de temps en temps le chapelet. Mais ils n'ont pas tous fait l'expérience de l'oraison.

Dès les premiers jours, nous les initions à cette vie de prière particulière en commençant notre journée par une heure de prière. Nous commençons par prier ensemble l'office du matin, les laudes, qui durent un quart d'heure. Puis nous entrons dans quarante-cinq minutes de silence. Nous encourageons les jeunes à commencer ce temps d'oraison en lisant dans leur Bible les textes de la messe qui sera célébrée dans la journée. Cette lecture leur donne des indications pour vivre toute la journée en présence du Seigneur. Parfois, les textes invitent à un effort de conversion. Puis, après la lecture, ils entrent dans un dialogue silencieux, ils parlent intérieurement à Jésus qui est là, exposé dans le saint sacrement. Au début de l'année, nous leur demandons de rester ainsi au moins un quart d'heure en silence, mais si possible de « tenir » les quarante-cinq minutes. Mais très rapidement, parfois même dès les premiers jours, les jeunes restent toute l'heure à prier ainsi. Et parfois même, ils arrivent longtemps en avance !

Pendant les vacances, chaque jeune repart dans sa famille, c'est la période du test où leur fidélité à la prière va être mise à l'épreuve. Avant le départ, nous les encourageons à garder le rythme de prières quotidien en priant au moins l'office des laudes du matin. Ils partent confiants en pensant que ce sera facile. Mais lors du débrief au retour des vacances, ils se rendent compte que ce n'est pas facile de tenir le rythme sans le cadre propice de la chapelle et du soutien des frères.

À la fin de l'année, nous avons une messe avec l'évêque. Lors de cette messe, chaque jeune prend un engagement devant l'évêque. Ce n'est pas une formule toute faite, chacun doit écrire son engagement lui-même afin qu'il soit applicable selon sa future vie. Lorsqu'il sortira de CapMissio, il sait bien qu'il n'aura pas le cadre porteur de la chapelle, ni le rendez-vous avec les autres jeunes, rendez-vous qui aide à se motiver pour sortir du lit. Il faudra qu'il se lève plus tôt sans être attendu par personne si ce n'est par Dieu, et qu'il prie dans sa chambre « son père qui l'écoute dans le secret » (Mt 6,6). La plupart des jeunes sont réalistes, ils ne disent pas à l'évêque :

— Je m'engage à faire une demi-heure d'oraison tous les jours.

Ils savent bien qu'avec le rythme des études ou du travail, ce sera très difficile. Mais la plupart s'engagent à au moins dix minutes de prière le matin et à un temps de prière le soir. Ils ont goûté à cette grâce de mettre le Christ au centre dès le commencement de la journée et cela change toute leur vie.

Deux grands maîtres spirituels ont magnifiquement parlé de l'oraison : le bienheureux père Marie-Eugène et la vénérable Marthe Robin.

J'ai eu la chance de faire une maîtrise de spiritualité sur le père Marie-Eugène à Venasque de 1999 à 2001. Il a écrit un très beau livre sur la vie d'union à Dieu : *Je veux voir Dieu*[1]. Dans ce livre, le père Marie-Eugène nous redonne la spiritualité des trois grands maîtres du Carmel, sainte Thérèse d'Avila, saint Jean de la Croix et la petite Thérèse de Lisieux. À leur école, il nous apprend que la porte d'entrée pour unir nos vies à la volonté de Dieu, c'est justement de faire oraison. Il insiste beaucoup sur le lien entre le temps donné à Dieu dans l'oraison et le temps donné à l'action :

« Les activités de l'apostolat et la contemplation nourrie du pain quotidien de l'oraison peuvent s'unir en un équilibre harmonieux qui les purifient, les enrichit et les féconde mutuellement. Cet équilibre de contemplation et d'action fait l'apôtre parfait[2]. »

Pour trouver cet équilibre entre action et contemplation, il faut essayer de trouver un rythme proportionné aux jours, aux mois, aux années, chacun en fonction de son appel. Personnellement, j'essaye de prier une heure d'oraison par jour, de partir deux jours dans un monastère chaque mois, et de prendre une semaine de retraite par an.

1. Éditions Carmel, 1949.

2. Raymonde Règue, *Père Marie-Eugène de l'Enfant-Jésus, maître spirituel de notre temps*, Éditions Carmel, 1978, p. 47.

Marthe Robin est une grande mystique qui a vécu 50 ans sans manger ni boire, seulement nourrie de la sainte eucharistie. Elle a écrit dans son *Journal* le 4 avril 1930 un très beau texte sur « l'irremplaçable oraison », je le donne chaque année aux jeunes de CapMissio, il est tellement simple et fort, je ne peux résister à vous le partager :

« Si l'on me demandait que vaut-il mieux faire : l'oraison ou la sainte communion ? Les deux sont vivement à conseiller. Mais s'il faut porter une préférence, je crois que je répondrais l'oraison. La communion fréquente est un conseil, l'oraison est un divin précepte. Priez, priez sans cesse, or il est difficile de bien prier sans cesse si le cœur ne se remplit pas de bonnes, de saintes pensées, fruits de la méditation.

Il en coûte plus pour faire oraison que pour communier. La communion est un acte extérieur qui est en lui-même un plaisir, une consolation, une joie pour l'âme… L'oraison, qui est un entretien secret entre Dieu et l'âme, dans les commencements surtout, est au contraire un assujettissement et une peine. Elle demande beaucoup plus d'efforts. La communion sacramentelle peut d'ailleurs ne pas être possible, pendant un très long intervalle à cause de différentes infirmités que Dieu envoie à sa créature pour l'éprouver, et cette privation, lorsqu'elle ne dépend pas de nous, n'empêche pas la sainteté. L'oraison, pendant que peut et doit se faire la communion spirituelle, est toujours possible, ne serait-ce que quelques minutes.

La communion ne suppose pas toujours la vertu, on peut communier et se rendre coupable du Corps et du Sang de Notre Seigneur. L'oraison de chaque jour ne veut point dire qu'on soit vertueux, elle est cependant une preuve qu'on travaille sérieusement à le devenir.

Quelqu'un a dit : on trouve des chrétiens qui communient tous les jours et qui sont en état de péché mortel, des chrétiens qui se mortifient en toutes manières et qui sont en état de péché mortel, mais on ne trouve jamais une âme qui fasse oraison tous les jours et qui demeure dans le péché.

Qu'en lisant ces lignes, mon père spirituel ne se méprenne pas sur mes intentions et n'y voie pas un ralentissement dans l'empressement et l'ardeur de mon âme à faire la Sainte Communion. J'ai voulu seulement parler dans quelle erreur sont certaines âmes, qui s'inquiètent beaucoup d'une communion qu'elles n'ont pas pu faire et qui ne se souviennent pas d'une oraison qu'elles auraient pu faire et qu'elles ont volontairement abrégée ou manquée, qui demandent avec insistance et importunité de remplacer une communion et qui ne se mettent pas en peine, le pouvant facilement, de remplacer une oraison.

Or nous qui savons le don de Dieu et qui connaissons ses desseins sur nous, faisons-nous une obligation de ne jamais laisser volontairement l'oraison, de la remplacer si nous avons dû ou l'abréger ou la laisser ! Nous souvenant que, tout comme pour la communion l'oraison négligée laisse une lacune dans la journée d'une âme toute donnée à Dieu[1]. »

La parabole du voilier

Mon expérience de missionnaire, celle des jeunes de CapMissio, et les encouragements du père Marie-Eugène et de Marthe Robin montrent que dans la fidélité à l'oraison se trouve un enjeu important. Si nous ne prenons pas le temps de prier, nous risquons de nous épuiser, c'est ce que j'explique dans la parabole du voilier.

Un été, on me demande de prêcher à la messe télévisée à Pluduno, près de Saint-Brieuc. J'en profite pour faire une petite sortie en mer avec Axel, un ami. Une fois monté à bord de son voilier, Axel met son petit moteur en marche pour sortir du port. Ce jour-là, il n'y a pas beaucoup de vent. À peine sortis du port, nous arrêtons le moteur pour déplier toutes les voiles. Axel se met à la barre. Il tâtonne un peu,

1. Marthe Robin, *Journal, décembre 1929-novembre 1932*, *op. cit.*, p. 172-173.

un petit coup à droite, un petit coup à gauche. Rapidement, il trouve le bon cap qui permet à la brise légère de s'engouffrer dans les voiles.

Axel me propose alors de prendre le gouvernail. J'accepte avec plaisir mais je n'ai pas d'expérience. J'essaye de garder le cap indiqué mais, vu que nous partons vers le large, je n'ai pas de points de repères. Il y a une boussole bien sûr, mais ce n'est pas évident. Un petit coup de trop vers la droite et voilà que la voile se met à déventer, j'ai perdu le cap, et perdu le vent. À force de tâtonner, j'arrive à le retrouver mais je n'arrive pas bien à maintenir la vitesse du bateau. Axel reprend la barre et le bateau reprend son rythme.

C'est alors que je vois passer un voilier pas très loin de nous. Je suis intrigué car, bien qu'il parte lui aussi vers le large, il a un cap complètement différent du nôtre. Pourtant le vent ne peut avoir qu'une seule direction pour tous ! Je m'en ouvre à Axel qui m'explique que, bien qu'il ait sorti ses voiles, il navigue en fait avec son moteur.

Un voilier à moteur

Comparons le voilier avec notre vie et le vent avec l'action de Dieu. Nous sommes souvent comme ce voilier qui navigue au moteur. Dès le matin, nous courons avec toute notre énergie, nous nous déplaçons à droite ou à gauche. Régulièrement, nous devons refaire le plein d'essence, retrouver de l'énergie pour continuer à avancer. Peu importe qu'il y ait une source d'énergie naturelle, le vent, puisque nous avons notre moteur. Nous ne réalisons même pas que sur notre embarcation, il existe un autre moyen d'avancer, les voiles. Elles restent bien pliées sur notre mât.

Quel dommage ! Avoir un voilier et naviguer avec un moteur. Il en est de même avec l'homme qui ne se préoccupe pas de saisir l'énergie que Dieu lui donne.

Déplier nos voiles

Si nous voulons avancer efficacement, commençons par découvrir que nous avons des voiles pour saisir le souffle du Saint-Esprit. Les déplier. Les élever. Lorsque je me mets en prière dès le matin, je permets au Saint-Esprit de souffler dans les voiles de ma vie toute la journée. Jésus disait à ses apôtres : « Le vent souffle où il veut : tu entends sa voix, mais tu ne sais ni d'où il vient ni où il va. Il en est ainsi pour qui est né du souffle de l'Esprit. »

En hissant les voiles, je découvre une nouvelle énergie dans ma vie, pas celle des hommes, mais celle particulière que Dieu nous donne. Ce temps gratuit donné à Dieu, apparemment sans intérêt car complètement passif, immobile, me permet en réalité de déplacer des montagnes car je saisis la force de Dieu.

Ne passons pas notre vie à ramer au point de nous épuiser, empruntons le chemin de l'intériorité car nous découvrirons alors une nouvelle source d'énergie et de force, celle du Saint-Esprit.

12

La parabole de l'escalade ou comment progresser dans la vie spirituelle ?

Toute ma vie j'ai pratiqué beaucoup de sports différents, mais ma première expérience en escalade remonte à 1996. J'avais tout juste 30 ans. Comme pour la plupart des jeunes prêtres, l'évêque m'avait confié l'accompagnement de l'aumônerie des lycées. Les deux animateurs étaient un jeune couple d'amis, Anne et Denis. Un jour, Denis m'a proposé de m'initier à l'escalade. Nous sommes allés à Buis-les-Baronnies, sur une paroi réputée, une immense falaise. Le niveau de la voie était assez élevé pour un débutant, du 6a. Denis a commencé son ascension. La paroi était équipée de pitons plantés dans la roche. Au fur et à mesure de la montée, Denis fait passer sa corde dans l'anneau des pitons au moyen de mousquetons. En cas de chute, il sera retenu au niveau de son dernier point d'accroche. Arrivé au sommet, il fait passer la corde par le dernier anneau et descend en rappel. C'est à mon tour de monter. Denis s'assoit tranquillement au pied de la paroi et m'assure depuis le bas. Je commence à grimper. Au début, je pars avec beaucoup d'ardeur. Mais au bout d'une dizaine de mètres, je fatigue. Et surtout je suis impressionné par le vide en dessous de moi. J'ai de plus en plus de mal à progresser dans l'ascension. J'ai remarqué la prochaine prise à saisir, elle semble si proche et si éloignée à la fois. Je lance mon bras, il me manque à peine deux centimètres. Je cherche à la saisir à plusieurs reprises, mais je n'y arrive pas. Je regarde le vide en dessous, je commence à paniquer. Mon genou droit se met à claquer bizarrement contre la paroi, je ne le maîtrise pas. Je regarde vers le sommet, il me semble inaccessible. J'essaie de me contrôler mais mon genou joue de plus en plus des castagnettes. S'il y avait eu des Espagnols ce jour-là, ils auraient pu danser au bas de la falaise tellement j'avais peur. Je fais une nouvelle tentative, je jette ma main vers la prise, la rate, et là… je tombe ! En une fraction de seconde, je me vois déjà mort, aplati comme une crêpe sur les rochers en contrebas. Mais au lieu de ça, je suis retenu par la corde que tient Denis. À ma grande surprise, ma chute ne dure que quelques secondes et elle s'arrête en douceur. Je me trouve suspendu dans le vide, assis dans mon baudrier, étonné, soulagé. Les cordes d'escalade ont la particularité d'avoir une petite élasticité qui permet d'amortir les chutes. Je regarde Denis en contrebas. Il me lance : « Allez hop, c'est reparti ! » Complètement rassuré, je n'ai plus peur et je me relance à l'assaut de la paroi. Mon genou ne fait plus de musique. Le vide ne m'impressionne plus. Je me sens en sécurité. Je n'ai plus peur de tomber en lançant mes mains plus loin pour attraper les prises et j'arrive au sommet sans nouvelle chute.

La parabole de l'escalade

Dans la tradition de l'Église, la vie spirituelle est souvent comparée à une ascension dans la montagne. La montagne a toujours été un lieu privilégié de communion avec Dieu. Moïse a reçu les Tables de la Loi au sommet du mont Sinaï, Elie a reçu la visite de Dieu comme une brise légère au sommet du mont Horeb, Jésus lui-même aimait se retirer seul dans la montagne pour prier (Mat 6,46), et c'est au sommet du mont Thabor qu'il a été transfiguré devant Pierre, Jacques et Jean. C'est pourquoi, je vous propose dans la parabole de l'escalade de comparer notre progression dans la vie spirituelle à une ascension : le sommet, le guide, la corde et les pitons.

Le sommet

J'ai eu la chance de gravir une fois le mont Blanc. Au fur et à mesure des pauses, je regardais la vallée s'éloigner de mon regard. Cette vallée de Chamonix avec ses voitures et toute son activité. La plupart des hommes vivent dans cette vallée, et peu ont la chance de gravir les sommets environnants. Il faut de la volonté, de l'endurance, de la préparation. Mais quand on arrive en haut, quelle émotion ! De là-haut, on voit ce que les autres ne voient pas.

Par analogie, beaucoup de personnes ne voient pas l'intérêt de grandir dans la vie spirituelle. La majorité des hommes semblent ignorer leur destinée et choisissent de vivre dans l'activité « métro-boulot-dodo » de la vallée, en ignorant qu'ils peuvent accéder à des sommets extraordinaires en gravissant la voie spirituelle.

Ils n'ont pas perçu que notre vie ici-bas n'est pas notre fin, que notre véritable destination est ailleurs : « Le monde passe avec tous ses attraits, mais celui qui accomplit la volonté de Dieu demeure éternellement » (1 Jn 2,17).

Et cette ascension spirituelle dure toute la vie. Ce n'est pas comme l'ascension d'un sommet que nous sommes fiers d'avoir gravi au moins une fois. Là, il s'agit d'une ascension permanente. Nous devons faire des choix de vie et établir des priorités pour ne jamais cesser de progresser. Beaucoup de chrétiens n'arrivent pas à se décider totalement, alternant, si je poursuis mon analogie, une petite ascension de temps en temps et de longs mois dans la vallée. Ils font toute leur vie du « yo-yo spirituel » ! Jésus a pourtant dit clairement :

« Celui qui met la main à la charrue et regarde en arrière n'est pas digne de moi » (Luc 9,62).

Cette parole ne doit pas nous effrayer, mais elle doit nous aider à nous décider pour Lui. Nous pouvons donc nous demander si tous nos choix de vie sont en accord avec ce sommet particulier : notre destinée éternelle ?

Les anciens

Pour préparer notre petite ascension, Denis avait étudié les topo-guides qui décrivent les voies, leurs niveaux de difficulté. Plus l'ascension est grande, plus il est important de profiter de l'expérience de ceux qui nous ont précédés. Il est impensable de se décider à gravir l'Everest sans s'être soigneusement documenté auparavant en lisant les livres des alpinistes qui ont déjà atteint ce sommet mythique.

Par analogie, si nous voulons atteindre les sommets de la vie spirituelle, nous devons lire la vie des saints qui nous ont précédés. Certains comme saint Jean de la Croix sont d'ailleurs des experts en cette ascension qu'il décrit dans la montée du mont Carmel. Lire la vie des saints régulièrement est un excellent moyen pour notre progression spirituelle. Cette lecture « hagiographique [1] » ne devrait pas être une simple option dans la vie spirituelle, mais nous devrions prendre conscience que ces lectures sont vitales pour atteindre notre objectif.

1. L'hagiographie est la lecture de la vie des saints.

Dans notre société actuelle, il y a un grand déficit de lecture. Beaucoup de jeunes adultes passent énormément de temps sur les ordinateurs, les consoles de jeux vidéo, le visionnage de films ou de séries… Lorsqu'ils lisent, ce sont souvent des « lectures fracturées » comme les journaux, les magazines. Or, depuis des siècles, la lecture de livres édifiants a toujours été un élément structurant de la vie spirituelle.

Plus une âme veut monter haut, plus elle doit nécessairement se nourrir de la vie des saints. La Bible est bien sûr première, mais elle ne suffit pas. Quelqu'un a dit que la Bible, c'est la partition, mais que la vie des saints, c'est la partition jouée, mise en musique.

Le guide

Si j'ai réussi aussi facilement ma première expérience d'escalade, c'est parce que Denis pratique cette activité sportive depuis son plus jeune âge. J'ai profité de son expérience, de son savoir-faire.

Pour se mettre en route dans la vie spirituelle, nous devons trouver un bon guide expérimenté qui connaît le chemin. Pas simplement quelqu'un qui a lu les livres, mais qui a pratiqué sur le terrain ! Ceux qui disent pouvoir se passer de guides risquent de rester sur le plancher des vaches.

Ce n'est pas facile de trouver de bons accompagnateurs mais c'est encore plus difficile d'accepter de s'en remettre à eux. Il s'agit d'une expérience d'abandon, de dépossession de soi, alors que nous aimons garder le contrôle. Le rythme de rencontre peut varier avec le temps, au début ça va être assez souvent, tous les mois au minimum, ensuite ce peut être plus espacé mais toujours sur un rythme régulier.

Beaucoup ont expérimenté combien le fait de s'être confié à un accompagnateur les a fait progresser, mais bizarrement, nombreux sont ceux qui ne persévèrent pas dans une relation suivie. Ils n'oublient pas de prendre leur prochain rendez-vous dès qu'ils sortent de leur dentiste ou podologue, mais par contre ils attendent de se sentir mal pour contacter leur accompagnateur. Et si leur accompagnateur vient à déménager et qu'il n'est plus joignable, ils ne se mettent pas en quête d'un nouveau. Pourtant si leur docteur venait à déménager, ils n'arrêteraient pas de se soigner pour autant, ils iraient en trouver un autre ! Mais pour leur vie spirituelle, on a l'impression que ça ne fonctionne pas de la même manière.

Encore une fois, cela rejoint le monde de nos priorités et de notre prise de conscience : peut-être que je n'accorde pas autant d'importance à rester en bonne santé spirituelle qu'à rester en bonne santé physique ?

La corde

Un élément essentiel dans l'escalade est la qualité de la corde, qui doit être à la fois très résistante et en même temps très souple, avec une sorte d'élasticité qui amortit les chutes. Il en est de même pour notre lien avec celui que nous avons reçu comme guide pour la vie spirituelle. Le lien avec lui doit être très fort, résistant à toute forme d'appréhension et consolidé par une totale confiance. Rien ne doit lui être caché.

En même temps, le lien qui nous relie à lui est fait d'une extrême souplesse. Aujourd'hui, l'expression de « directeur spirituel » n'est plus d'usage, celle « d'accompagnateur spirituel » lui est préférée. En effet, il n'est pas là pour m'ordonner ce que je dois faire ou ne pas faire mais plutôt pour m'aider à faire mon propre discernement, c'est ensuite à moi de me décider.

Notre guide va choisir la voie de notre ascension en fonction de notre condition physique. Si vous n'êtes pas du tout sportif, le guide ne va pas vous initier sur une voie de niveau 6b par exemple. Sainte Thérèse d'Avila enseigne que la première étape de la vie spirituelle est une bonne connaissance de soi. Cette connaissance de soi prend beaucoup de temps, d'autant plus que nous évoluons selon les étapes de la vie.

Souvent, nous avons tendance à mieux connaître nos faiblesses que nos capacités. Nos faiblesses nous accablent. Et nous pouvons sous-estimer ce que nous sommes capables de faire.

Dans la pratique de l'escalade, le guide nous enseigne à repérer les petites irrégularités de la paroi qui nous donne des petites accroches pour nous élever petit à petit. De même, dans la vie spirituelle, l'accompagnateur nous aide à intégrer les épreuves de la vie quotidienne comme autant d'occasions d'avancer. Les épreuves font partie intégrante de notre formation spirituelle : le Seigneur nous regarde, il nous teste pour ainsi dire dans tous ces petits détails, la façon de gérer les imprévus, notre relation à l'argent : « Celui qui sera fidèle dans de petites choses sera fidèle dans de grandes » (Luc 16,10).

Les pitons

Denis est passé avant moi en utilisant des pitons déjà fixés dans la paroi pour sécuriser son ascension et du coup, la mienne. Il a bénéficié de ceux qui sont passés avant lui et qui ont équipé la voie.

Ces pitons dans la vie spirituelle sont les points d'ancrage indispensables pour une ascension spirituelle : la lecture quotidienne de la Bible, la prière personnelle, la messe, la confession, le souci des autres… De même que la corde ne doit pas sauter un piton, de même nous ne devons ignorer aucun de ces moyens spirituels fondamentaux.

Nombreux sont ceux qui ont appliqué tel ou tel conseil en ignorant tel ou tel autre, bien souvent, ils finissent un jour ou l'autre par dégringoler jusqu'en bas.

Petit à petit, le guide va m'apprendre à sortir des voies tracées et à ouvrir ma propre voie. Chaque vie est différente, chaque ascension spirituelle est unique. Chaque vie est particulière, et ce qui vaut pour l'un ne vaut pas forcément pour l'autre. Je suis par exemple persuadé, à la suite de Jean-Paul II, que la prière du chapelet est particulièrement adaptée à la vie stressée et stressante des jeunes dans notre société. Jean-Paul II l'a magnifiquement expliqué aux jeunes lors des JMJ 2003 dans un très beau message, « Voici ta Mère [1] », qu'on peut toujours trouver sur Internet.

Mais certains jeunes devront déjà découvrir d'autres éléments de la vie spirituelle, comme la messe dominicale, avant d'en arriver à la prière du chapelet. Il faut donc découvrir quels sont les pitons essentiels à ma propre vie, acceptant que ce qui sera essentiel pour moi ne le sera pas forcément pour mon voisin.

Un très bon moyen de fixer nos pitons, c'est de tenir un petit journal spirituel pour faire mémoire des événements qui nous ont touchés, une parole de la Bible, une homélie, une rencontre. Il ne s'agit pas de tenir un petit journal intime de nos petites histoires de cœur, mais simplement de faire mémoire de ce qui nous a touchés dans notre vie spirituelle. Benoît XVI nous a encouragés à tenir un tel journal lors d'un message pour le temps de l'Avent :

« N'est-il pas vrai que l'on consacre beaucoup de temps au divertissement et aux distractions en tout

1. « Voici ta Mère », message du Saint-Père aux jeunes à l'occasion des 18e Journées mondiales de la jeunesse, Jean-Paul II, 8 mars 2003.

genre ? Parfois, les choses nous “submergent”. Combien de fois Dieu nous fait percevoir un signe de son amour ! Tenir, en quelque sorte, un “journal intérieur” de cet amour serait un devoir beau et salutaire pour notre vie[1] ! »

Lorsque je suis dans un moment de sécheresse, je peux relire ce que j'ai écrit tel jour en tel lieu. Cela me redonne du courage et m'évite de retomber trop bas !

L'apôtre Paul, le grand sportif de la mission, disait :

« Courez donc de manière à remporter le prix. Tous les athlètes s'imposent une ascèse rigoureuse. Eux, c'est pour une couronne périssable, nous pour une couronne impérissable » (1Co 9,24).

Le projet de Dieu, c'est que tous nous soyons sauvés et que nous arrivions au sommet. Tous ceux qui sont arrivés au sommet expérimentent cette joie : Je l'ai fait ! J'y suis arrivé ! Lorsque nous arriverons au sommet de notre vie, nous jouirons d'une joie d'autant plus grande, très profonde, éternelle !

---

1. Célébration des premières vêpres de l'Avent, homélie du pape Benoît XVI, 28 novembre 2009.

13

La parabole du Soleil ou comment expliquer la Trinité ?

Chaque année avec les jeunes de CapMissio, nous partons quelques jours à Lourdes. Pour nous préparer à ce pèlerinage, nous regardons le très beau film sur sainte Bernadette réalisé par Jean Delannoy. Il y a une scène succulente que je ne me lasse pas de revoir. La petite Bernadette n'a que 13 ans et se trouve à Bartrès dans le village de sa nourrice. La scène se déroule quelques mois avant la première apparition à Lourdes. La future voyante est à l'église avec les autres enfants du village pour le cours de catéchisme donné par le curé. Le brave homme en soutane demande aux enfants :

— Combien y a-t-il de personnes dans la Trinité ?

Plusieurs enfants lèvent la main et répondent :

— Trois.

Le curé est ravi et distribue des images à ces enfants si bien catéchisés. Une nouvelle demande :

— Et qui sont ces personnes ?

Et de nouveau plusieurs enfants répondent :

— Le Père, le Fils et le Saint-Esprit !

Fier de ses ouailles, le bon père distribue allègrement de nouvelles images. Il pose alors sa dernière question :

— Et donc combien y a-t-il de Dieu ?

Tous les enfants répondent d'un même cœur :

— Trois !!

Furieux, le curé reprend les images en disant :

— Allez rends-moi ça, rends-moi ça…

Ce n'est pas simple d'expliquer le mystère de la Trinité aux enfants, ni aux adultes d'ailleurs. C'est un des plus grands mystères de notre foi. Comme le nom l'indique, cette vérité de foi reste mystérieuse. Mais un de mes professeurs de théologie nous répétait souvent une citation de Jacques Maritain à ce propos :

— Un mystère, ce n'est pas quelque chose où il n'y a rien à comprendre, mais quelque chose où il y a trop à comprendre.

Dieu est un mystère dont la réalité dépasse infiniment la capacité de notre intelligence.

Tout au long de l'Histoire, les prédicateurs ont essayé de donner des images simples pour expliquer le mystère de la Trinité. Certains emploient l'image de l'eau, H_2O : elle se présente sous la forme liquide, l'eau pour le Père, ou sous forme solide : la glace pour le Fils, ou bien encore sous la forme de gaz : la vapeur pour le Saint-Esprit.

Au IVe siècle, dans son *De la Trinité*[1], saint Augustin est parti de la notion de « Dieu Amour » pour expliquer la particularité de chacune des trois personnes :

— le Père est « l'aimant », celui qui est à l'origine de l'amour.

— le Fils est « l'aimé », celui qui reçoit l'amour ;

— et l'Esprit est « l'Amour », le lien entre le Père et le Fils.

C'est une très belle image qui nous plonge au cœur du Mystère, et qui a été reprise par saint Thomas d'Aquin et la plupart des théologiens.

La parabole du Soleil

Saint Éphrem, diacre en Syrie, qui vécut lui aussi au IVe siècle, utilise une autre image pour expliquer la Trinité : « Le Soleil, c'est le Père, le rayon, c'est le Fils, et la lumière et la chaleur sont le Saint-Esprit[2]. » C'est personnellement l'image que j'affectionne le plus.

---

1. *De Trinitate*, Œuvres de saint Augustin, tome 15, Éditions Augustiniennes, 1997.

2. Saint Éphrem, « Hymne à la Trinité », in Sébastien Brock, *L'Œil de lumière. La vision spirituelle de saint Éphrem*, Éditions Abbaye de Bellefontaine, coll. « Spiritualité orientale » n° 50, 1991, p. 334.

Le Soleil

Le Soleil, c'est le Père. Personne ne peut le voir, ni même l'imaginer. Vous avez déjà essayé de regarder le soleil en face ? C'est impossible sans lunettes de soleil, ainsi personne ne peut voir Dieu, ni même le représenter. « Dieu, personne ne l'a jamais vu » (Jn 1,18).

Le rayon

Le rayon de soleil, c'est le Fils. Nous pouvons voir facilement un rayon de soleil lorsqu'il traverse une pièce. Surtout si le ménage n'a pas été bien fait. On voit la poussière qui danse dans le rayon de soleil. La poussière représente notre humanité : « Tu es poussière et tu retourneras à la poussière » (Gn 3,19). Jésus a pris notre humanité, et par Lui, nous pouvons mieux comprendre le Père, comme le dit Jésus :

« Dieu, personne ne l'a jamais vu ; le Fils unique, lui qui est Dieu, lui qui est dans le sein du Père, c'est lui qui l'a fait connaître » (Jn 1,18).

« Celui qui m'a vu a vu le Père » (Jn 14,9).

Mais, comme le rayon disparaît de notre pièce au bout d'un moment, de même Jésus est retourné vers le Père.

La lumière et la chaleur

Il reste le Saint-Esprit. C'est la lumière et la chaleur. Même au cœur de l'hiver le plus glacial, lorsque nous avons l'impression que le Soleil a disparu depuis des mois, il continue en fait de rayonner au-delà des nuages par sa lumière et sa chaleur sinon la Terre deviendrait un immense champ de glace polaire ! Ainsi, même lorsque nous avons l'impression que Dieu est bien loin au-delà des nuages, l'Esprit saint ne cesse en réalité de nous réchauffer et de nous éclairer par sa discrète présence.

Trois aspects du Soleil

Nous pouvons donc distinguer le soleil, le rayon, la lumière et la chaleur, tout en sachant qu'ils sont en fait une seule réalité. Ainsi, nous pouvons distinguer les trois personnes de la Trinité, le Père, le Fils et le Saint-Esprit, tout en sachant qu'elles ne sont qu'un seul Dieu.

À partir de cette parabole du Soleil, nous pouvons aussi expliquer quelque chose du rôle particulier de la Vierge Marie et des saints.

La Lune

Une vieille tradition dit que « Marie est la lune sur nos pas ». La particularité de la Lune, c'est qu'elle n'éclaire pas par elle-même, elle ne fait que refléter la lumière du Soleil. Et pourtant elle a un rôle primordial pour les hommes, justement pour nous éclairer pendant la nuit, lorsque le Soleil s'est couché. Il en est ainsi du rôle de Marie. Elle n'est pas Dieu et tout ce qu'elle peut nous donner, elle le reçoit de Dieu. Mais pendant notre vie terrestre, elle nous guide comme une mère bienveillante dans la nuit de la foi.

Les vitraux

À propos des saints, un curé faisait visiter son église à des enfants le jour de la Toussaint. Il leur expliquait au fur et à mesure chaque vitrail qui représentait la vie d'un saint. Ce jour-là, le soleil les faisait briller de toutes leurs couleurs. À la fin de la visite, il leur demande :

— Alors les enfants, qui sont les saints ?

Un enfant lève la main et répond :

— Les saints, ce sont ceux qui laissent passer la lumière !

Oui, laissons-nous remplir de la lumière de la Sainte-Trinité pour devenir à notre tour « une lumière pour le monde » (Mat 5,14).

14

La parabole du feu ou pourquoi un chrétien ne peut pas croire en Jésus tout en rejetant l'Église ?

Enfant, nous vivions dans le mas de mon grand-père en Camargue. Il y avait une grande cheminée, si grande que nous pouvions nous asseoir dedans sur des petits bancs installés sur les côtés. Nous n'avions pas de télévision, les veillées se faisaient « au coin du feu ». Le feu est fascinant. La lumière jaune, rouge, orange intrigue. La danse de la flamme captive.

Si vous recevez des amis pour une soirée et que vous possédez une télé, vous l'éteindrez sans doute pour favoriser le climat de discussion. Le feu fait l'effet contraire de la télévision. Il ne distrait pas, il rassemble étrangement. Avez-vous remarqué que vous pouvez échanger avec vos amis autour d'un feu sans les regarder ? Tout le monde peut avoir les yeux fixés sur les flammes, et pourtant chacun est très attentif à ce que dit l'autre ! Le feu est un vecteur de communion, c'est étonnant.

Pour la foi chrétienne, le feu est un symbole de premier plan. Sur le mont Sinaï, Dieu se révèle à Moïse dans le Buisson ardent sous la forme d'un feu qui ne se consume pas. Lors de la Pentecôte, l'Esprit saint descend sur les apôtres sous la forme de langues de feu. Et la résurrection du Christ est chaque année célébrée par le feu pascal.

Dans la nuit du samedi au dimanche de Pâques, les chrétiens se réunissent sur une place proche de l'église. L'obscurité représente le monde plongé dans l'aveuglement et les ténèbres. Le prêtre allume un grand feu et le bénit. Le feu symbolise l'événement de la résurrection du Christ qui a vaincu la puissance des ténèbres. La mort n'a plus le même pouvoir sur le monde, par sa mort, Jésus a vaincu la mort ! Une lumière s'est levée, le Christ. Désormais, le monde peut accueillir cette lumière et la suivre. Le feu crépite et les étincelles s'éparpillent dans la nuit noire, comme si elles voulaient porter la bonne nouvelle de la résurrection jusqu'aux confins de la Terre. Le prêtre s'approche des flammes et y allume le grand cierge pascal. L'événement de la résurrection a eu lieu il y a deux mille ans, mais cet événement est toujours d'actualité. Le Christ est bien vivant. Pour chaque génération, il est une lumière qui guide nos pas.

Puis, tout le monde part en procession vers l'église, le cierge en tête. L'église est alors plongée dans le noir. L'obscurité y symbolise nos moments de doute, nos moments de désespoir, nos faiblesses, nos égarements aussi. Sur le seuil, le prêtre s'arrête et chante : « Lumière du Christ ». Et toute l'assemblée des fidèles répond : « Nous rendons grâce à Dieu ! » La lumière de la foi vient disperser la faiblesse de nos tâtonnements. Toute l'assemblée pénètre dans l'église en silence derrière cette toute petite flamme pascale portée en hauteur, c'est très impressionnant. Au milieu de la nef, le prêtre s'arrête de nouveau pour chanter encore le verset pascal. Mais cette fois, il n'est plus seul. Tous les fidèles lèvent bien haut leurs propres cierges tout en répondant au prêtre. C'est un moment saisissant. Lorsque tout un peuple puise à la lumière de la foi et que chacun devient lumière pour les autres. C'est ça, l'Église !

La parabole du feu

Actuellement, beaucoup d'adultes demandent le baptême. C'est un chemin difficile, qui demande deux ans de préparation. Sans doute qu'il serait bon d'aménager un peu ce parcours du combattant qui en rebute beaucoup. Le côté positif de cette exigence, c'est quelle différencie l'Église d'une secte. Car une secte, c'est facile d'y entrer et difficile d'en sortir, alors que dans l'Église, ce n'est pas simple d'y entrer et c'est très facile d'en sortir. Quoi qu'il en soit, nous sommes obligés de constater avec regret que beaucoup de ces nouveaux baptisés adultes ont du mal à persévérer dans leur pratique ecclésiale. Ils sont attachés au Christ mais pas à l'Église. Or on ne peut pas croire en Jésus tout en rejetant l'Église, c'est ce que je voudrais vous montrer par cette parabole du feu.

Flamme fragile

Le premier pas officiel dans la vie de foi se fait par le baptême. Ce jour-là, le prêtre allume une bougie au cierge pascal et la transmet au parrain. Personnellement, à ce moment-là, j'invite le parrain à se rapprocher des parents et de la marraine. Je les invite à tenir tous ensemble ce petit cierge face à l'assemblée. Puis vient la formule du rituel : « C'est à vous, parents, parrain et marraine que cette lumière est confiée, veillez à l'entretenir… » À ce moment-là, je m'approche parfois de la bougie et je souffle dessus. Elle s'éteint. La famille est surprise. J'explique :

— Par ce baptême, cet enfant reçoit tout ce qu'il faut pour avancer sur le chemin de la foi. Mais peut-être qu'à un moment de sa vie, il va perdre cette foi de son enfance. Dans ce cas-là, que faut-il faire ?

Le parrain comprend aussitôt et me dit :

— Il faut la rallumer !

— Exact ! Pour garder la foi, il faut fréquenter des chrétiens qui ont la foi. Dans ce monde refroidi par l'indifférence religieuse, c'est très difficile de garder la flamme de notre foi. Nous avons besoin de la ferveur des uns pour encourager la foi des autres. C'est pourquoi nous ne pouvons pas rester seuls dans notre coin. Tout le monde le sait, un chrétien seul est un chrétien en danger. Il doit s'entourer pour cheminer. C'est pourquoi on ne peut pas choisir le Christ seul sans l'Église, ça ne tient pas !

Je fais donc signe au parrain qui va rallumer le cierge.

— Vous comprenez que ce baptême, ce n'est pas seulement la première étape religieuse pour cet enfant, mais c'est aussi une véritable étape pour votre propre foi : où en êtes-vous dans votre propre cheminement ? Si votre propre flamme n'est pas allumée, il y a de fortes chances pour que ce baptême devienne pour cet enfant un simple souvenir photographique. Si par contre, vous saisissez cette opportunité pour raviver votre propre foi et la vivre avec les chrétiens en Église, cette étape sera fondatrice pour la future vie spirituelle de cet enfant.

La plupart du temps, tout le monde acquiesce gentiment, mais ce n'est pas pour autant que nous les retrouverons plus tard dans l'Église. Mais certains reviennent et c'est une grande joie de voir que la flamme s'est rallumée !

Raviver la flamme de nos assemblées

S'il est nécessaire de raviver la foi de chaque baptisé, il est aussi nécessaire de raviver la flamme de nos assemblées dominicales. C'est une question délicate et je ne prétends pas avoir la solution. Mais il faut bien reconnaître que, parfois, nos messes dominicales ressemblent à des feux sans flammes. Les braises sont toujours là, mais enfouies sous la cendre dont la couleur grise s'accorde avec la dominante des cheveux blancs de l'assemblée. Loin de moi tout jugement, bien au contraire, je suis tellement admiratif de ces prêtres qui maintiennent coûte que coûte les célébrations et des fidèles qui tiennent bon malgré le peu de relève. Mais en même temps, je comprends les évêques qui essayent tant bien que mal de rassembler les paroisses pour retrouver un certain feu.

Comparons le diocèse à un immense champ de broussailles à défricher. Le paysan a allumé des feux un peu partout dans le champ. Petit à petit, les feux s'éteignent faute de combustible. Il n'y a plus de flamme, plus de lumière, plus de chaleur. Pour bien finir de nettoyer le champ, le paysan rassemble tout ce qui reste à brûler en un unique feu au centre. Et de nouveau les flammes repartent, la lumière revient, la chaleur aussi.

Il en est de même avec nos paroisses. Autrefois, chaque petit village avait sa paroisse bien vivante avec parfois plusieurs prêtres pour un village de quelques centaines d'habitants. C'était l'époque où le dimanche matin, on allait systématiquement à la messe et, en fin d'après-midi, tout le village se retrouvait pour les vêpres. C'était avant « Téléfoot » et « Stade 2 » ! Aujourd'hui, dans ces mêmes villages, il n'y a bien souvent plus de prêtres résidents et les pratiquants sont peu nombreux et âgés. Pour retrouver une assemblée chaleureuse et fervente, il faut se rassembler. Pour cela, il faut faire des kilomètres, mais cette situation est devenue normale dans le rural pour tout ce qui touche la vie sociale. Autrefois, dans ces mêmes villages, il y avait une école, un boulanger, une poste, un médecin, une épicerie, une pompe à essence. Or aujourd'hui, tout cela a été déplacé dans la ville la plus proche. Nous pouvons regretter ce mouvement urbain, mais nous sommes pris dedans et l'Église doit s'adapter. Sans déserter les campagnes, favoriser des paroisses centrales permet de proposer des célébrations à taille plus normale avec plusieurs générations, des célébrations qui réchauffent les cœurs refroidis et illuminent les chemins de vie !

Trois pierres pour faire un feu

C'est aux prêtres que le Christ a confié la responsabilité particulière d'entretenir tant bien que mal la flamme de la foi, notamment dans les paroisses. Ils sont comparables à ces grosses pierres que l'on dispose habilement pour allumer le feu. Un proverbe malien dit : « Il faut au moins trois pierres pour faire un feu. » Dans les paroisses des grandes villes où les prêtres peuvent se regrouper, prier ensemble, partager des repas, porter la charge à plusieurs, souvent, les assemblées sont vivantes. Pour que le feu reprenne, la question de la solitude des prêtres devra être posée un jour. Beaucoup de prêtres aujourd'hui ne veulent pas entendre parler de vie commune, argumentant qu'ils ne sont pas des religieux. Je les comprends très bien, ce n'est pas facile de vivre des aspects de la vie commune surtout avec des personnes que nous n'avons pas choisies. Pourtant, Jésus lui-même n'a jamais vécu seul, et n'a jamais envoyé ses apôtres seuls en mission. Et nous constatons que beaucoup de jeunes séminaristes aujourd'hui sont attirés par des modes de vie avec une dimension communautaire tels que la Communauté de l'Emmanuel ou les prêtres de la Communauté Saint-Martin. Encore une fois, je n'ai pas les solutions, mais je suis certain moi aussi que trois pierres sont nécessaires pour faire un feu.

Oui, sortons de l'isolement, prenons le chemin de l'Église, de la communion fraternelle, et ravivons nos flammes pour réaliser la parole de Jésus : « Je suis venu apporter un feu sur la terre, et comme je voudrais qu'il soit déjà allumé ! » (Luc 12, 49).

15

La parabole du boulet ou comment parler de sa foi en respectant la liberté de l'autre ?

Une lumière dans la nuit ! C'est ainsi que nous appelons nos veillées d'évangélisation sur le diocèse, notamment à l'église Saint-Roch, au cœur de la ville de Montpellier. Le principe est simple et facile à reproduire. Il faut tout d'abord choisir une église bien placée, qui a pignon sur rue, dans un lieu où les gens aiment se promener tranquillement, pour se faire un petit resto le soir.

À l'extérieur de l'église, nous installons des grands *winflags*, ces sortes de grands drapeaux publicitaires, avec une belle image d'une main qui tient une bougie, « une lumière dans la nuit ». Les *winflags* sont éclairés par des projecteurs de couleur. À côté d'eux, toujours à l'extérieur, nous installons une petite enceinte qui diffuse la musique douce jouée par des musiciens à l'intérieur de l'église. Quelques jeunes missionnaires font « le paillasson » : ils invitent tout simplement les passants à faire une petite halte spirituelle au cœur de leur soirée. Le sourire est le premier témoignage donné et, étonnamment, une grande majorité de passants acceptent bien volontiers de faire un petit détour.

À l'entrée se trouve un grand kakémono qui explique la démarche proposée :

Nous vous proposons :

— d'allumer une bougie ;

— d'écrire votre intention ;

— de la déposer devant l'autel ;

— de recevoir une parole.

Lorsque les passants arrivent à l'entrée de l'église, ils comprennent facilement la démarche proposée. Une équipe d'accueil se met délicatement à leur service, avec l'audace et la réserve des bons vendeurs dans les boutiques : être disponible sans pour autant leur sauter dessus, tout est affaire de délicatesse. L'église est plongée dans une lumière douce, les pierres roucoulent au son de la musique. Tout est paisible. Le saint sacrement est exposé sur l'autel. Il est éclairé par un projecteur installé derrière lui, la fumée de l'encensoir danse dans ce jet de lumière.

L'émerveillement se lit sur les visages des visiteurs. La plupart du temps, ils sont ravis d'être accompagnés dans leur démarche. Après avoir écrit leurs intentions sur un petit papier, ils reçoivent une bougie et remontent l'allée de l'église jusqu'à l'autel. Devant l'autel se trouvent deux corbeilles : une pour y déposer les intentions, une autre pour y piocher une parole de Dieu. Chaque verset est différent, et bien souvent, le texte de la Parole de Dieu pioché au hasard correspond aux attentes des personnes. Parfois, les passants restent là, devant le saint sacrement, à genoux pendant de longues minutes. Souvent, ils vont s'asseoir dans l'église et se laissent bercer par la musique, étonnés par cette procession incessante de « fidèles occasionnels » qui, comme eux, passaient là par hasard.

Cette simple démarche se poursuit parfois par de longues discussions sur les questions de foi avec les missionnaires toujours disponibles pour répondre aux interrogations. Il ne s'agit pas pour eux de convaincre, mais surtout d'écouter, et d'être une présence aimante au nom de Celui qui nous a envoyés en son nom, le Christ Jésus.

Les récits de ces rencontres sont innombrables et souvent très touchants. Ces soirées répondent à une attente, le monde a soif, il suffit de savoir comment lui tendre le verre d'eau.

Parmi toutes ces expériences de missions, une m'a particulièrement bouleversé. Ce jour-là, je suis en mission avec une trentaine de jeunes. Nous partons deux par deux dans les rues pour inviter les passants à nous rejoindre à la veillée de prière. Si les gens n'ont pas le temps ni l'envie de nous rejoindre, nous leur proposons de noter sur un bout de papier leurs intentions. La plupart sont ravis de cette proposition et les intentions sont nombreuses. Matthieu, un grand jeune homme belge de 19 ans, part en binôme avec Liga, une grande jeune fille blonde lituanienne de 20 ans. Ils ne font pas de rencontres particulières, les gens les remercient poliment mais ne semblent pas intéressés. Ils ont le sentiment de rentrer un peu bredouilles. À la fin de la veillée, nous présentons au Seigneur toutes les personnes rencontrées. Chacun saisit le micro pour lire les noms des personnes qui se sont confiées à nous. Je suis sur le point de conclure la prière lorsqu'une dame qui s'était jointe à nous demande le micro. Elle le saisit et dit ceci :

— Jésus, je te remercie pour ces deux jeunes qui m'ont invitée à rentrer dans cette église. Comme tu le sais, je t'en ai voulu après la mort de ma fille Ingrid décédée dans un accident de voiture il y a quatre ans, et depuis je ne suis plus jamais rentrée dans une église. Mais aujourd'hui, grâce à ces deux jeunes, j'ai fait le pas de revenir vers Toi. Cette rencontre a illuminé ma journée et peut-être même toute ma vie…

Nous étions tous émus et bouleversés. Nous n'osions pas la regarder par pudeur. Mais Matthieu était remué intérieurement. Il se disait :

— Et voilà, encore une fois, certains ont fait des superbes rencontres mais moi, je n'en ai pas fait ! J'aurais tellement aimé être à la place de ceux qui ont rencontré cette dame.

Un peu envieux, il se retourne pour la regarder, et là stupeur ! Il la reconnaît. Il l'avait croisée avec Liga quelques heures auparavant. Il lui avait tendu le flyer de la veillée en disant :

— Bonjour madame, nous sommes des jeunes catholiques et nous organisons une veillée de prière...

La dame avait pris le flyer sans s'arrêter disant tout simplement :

— Merci.

Chemin faisant, elle a repensé à cette colère qu'elle gardait contre Dieu depuis toutes ces années suite au décès de sa fille et, finalement, elle a décidé de venir à la veillée. Il a suffi du courage et d'un simple geste d'un jeune dans la rue pour permettre à cette dame de finir son deuil et de retrouver la paix.

Heureusement que des jeunes comme Liga et Matthieu osent répondre à l'appel de Jésus adressé à tous les chrétiens pour que nous sortions de notre confort pour évangéliser : « Allez donc, de toutes les nations faites des disciples, les baptisant au nom du Père et du Fils, et du Saint-Esprit, leur apprenant à garder tout ce que je vous ai prescrit. Et moi, je suis avec vous tous les jours jusqu'à la fin des temps » (Mat 28, 19-20). En France, beaucoup de chrétiens ne se sentent pas concernés par ce « précepte missionnaire » de Jésus. Ils pensent que la mission est l'affaire de spécialistes, qu'elle concernait à la limite tous les chrétiens de l'Église des trois premiers siècles, mais qu'ensuite l'Église doit se contenter de s'occuper de ceux qui viennent vers elle par eux-mêmes. Car aller vers les autres pourrait être pris pour du prosélytisme, une atteinte à la liberté, et nous ne voulons surtout pas que les chrétiens soient assimilés à des Témoins de Jéhovah.

À ce propos, un dicton a formé toute une génération, il est cité dans le fameux *Youcat*[1], cet excellent catéchisme pour les jeunes que le pape leur a confié en 2010. Je recommande cet ouvrage à toutes les générations de 7 à 77 ans : il est conçu sous forme de questions-réponses pertinentes sur toutes les questions de la foi, de la morale, de la vie spirituelle. C'est un outil indispensable pour former un chrétien de façon simple et efficace. Au numéro 74 du *Youcat*, il y a une citation bien connue et maintes fois reprise par des prédicateurs : « Ne parle du Christ que si on te le demande, mais vis de telle manière qu'on te le demande ! » Le *Youcat* attribue cette phrase à Paul Claudel, alors que d'autres disent qu'elle provient de saint François de Sales, mais peu importe. Je suis très embêté avec cette citation qui, comme je viens de le dire, a formé plusieurs générations de chrétiens. D'un côté, j'y adhère parfaitement, d'un autre côté, je pense qu'elle a des conséquences insidieuses. Je m'explique. Cette citation a le grand mérite de nous inviter à un fort témoignage de vie. Pas la peine de parler du Christ autour de soi si nous ne vivons pas comme des chrétiens authentiques. On ne peut pas en même temps aller tous les dimanches à l'église et être reconnu comme la commère du quartier.

1. *Youcat* : *Catéchisme de l'Église catholique pour les jeunes*, Éditions Bayard-Fleurus-Mame-Cerf, 2016.

Nietzsche voyait juste lorsqu'il écrivait : « Je croirai en Dieu lorsque les chrétiens auront une tête de ressuscité. » Donc, tout à fait d'accord avec cette citation qui nous invite à commencer par témoigner par notre vie ! Paul VI disait à ce propos : « L'homme contemporain écoute plus volontiers les témoins que les maîtres, ou s'il écoute les maîtres, c'est parce qu'ils sont des témoins [1]. »

Mais le problème de cette citation, c'est qu'elle semble nous dispenser de l'effort de l'annonce. Il suffirait de vivre en bons chrétiens, et nous aurions fait notre devoir. Quid de la demande de Jésus de proclamer son nom à toutes les nations ? La réponse semble simple : « Ne parlons plus, mais vivons en chrétiens exemplaires et les gens viendront à nous pour nous demander qui est Jésus. » Voilà la nouvelle méthode proposée pour évangéliser. Mais vous est-il arrivé souvent d'être arrêté dans la rue à la sortie de la messe, avec votre petite médaille miraculeuse bien en évidence, par quelqu'un qui vous demande : « Monsieur, madame, dites-moi d'où vous vient ce sourire, cette lumière dans vos yeux ? » Je veux bien croire que cela puisse arriver une fois ou une autre, mais avouez que ce n'est quand même pas si fréquent que ça. Surtout aujourd'hui où règne dans notre société occidentale une sainte indifférence : chacun croit ce qu'il veut, ce n'est pas mon

1. Paul VI, *Evangelii nuntiandi*, sur l'annonce de l'Évangile, 8 décembre 1975, n° 41.

problème ! Et puis il faudrait réécrire la fin de l'Évangile de Matthieu au chapitre 28 : « Allez, de toutes les nations faites des disciples... mais attendez qu'ils vous posent des questions ! »

Oui, le témoignage de vie est primordial. Non, il ne nous dispense pas de l'annonce ! Déjà en son temps Paul VI l'expliquait clairement :

« Le plus beau témoignage se révélera à la longue impuissant s'il n'est pas éclairé, explicité par une annonce claire, sans équivoque, du Seigneur Jésus. La Bonne Nouvelle proclamée par le témoignage de vie devra donc être tôt ou tard proclamée par la parole de vie. Il n'y a pas d'évangélisation vraie si le nom, l'enseignement, la vie, les promesses, le Règne, le mystère de Jésus de Nazareth Fils de Dieu ne sont pas annoncés[1]. »

La parabole du boulet

Nous sommes donc invités à annoncer Dieu comme l'ont fait Matthieu et Liga. En même temps, nous avons le souci louable de respecter la liberté de chacun. Comment résoudre cette équation ? Je vais essayer de vous répondre par la parabole du boulet.

1. *Ibid.*, n° 22.

La clé

Imaginez un galérien marchant sur le port de Nantes avec un boulet attaché à ses pieds. Autrefois, vous étiez vous aussi un galérien, mais quelqu'un vous a libéré et vous possédez désormais la clé. Vous pouvez passer à côté de lui en sifflotant, et en faisant sauter votre clé dans vos mains. Intérieurement, vous vous dites :

— Je te respecte, à chacun sa vie, à chacun ses galères !

Ou bien, vous vous arrêtez auprès de lui et vous lui dites :

— Tenez, si vous voulez, voilà la clé.

Peut-être qu'il acceptera votre clé, peut-être pas. Cela ne vous appartient pas. Mais une chose est sûre, la meilleure façon de le respecter, ce n'est pas de passer à côté de lui en sifflotant comme si de rien n'était, mais c'est de lui proposer votre clé.

Tout est dans ce mot: proposer. « La foi se propose, elle ne s'impose pas[1] », disait le pape Jean-Paul II. Mais si nous ne proposons plus la foi, comment les hommes peuvent-ils la recevoir ? Déjà l'apôtre Paul s'écriait dans l'Épître aux Romains : « Comment peuvent-ils avoir la foi s'ils n'entendent

1. *Redemptoris Missio*, sur la mission du Rédempteur, Jean-Paul II, 7 décembre 1990, n° 39.

pas ? Mais comment peuvent-ils entendre si personne ne proclame ? » (Rm 10,14).

Les galères

Je suis conscient que cette image du boulet peut surprendre un lecteur qui n'a pas la foi, il ne sera peut-être pas ravi d'être comparé à un galérien. Mais toute analogie a ses limites, ici il faut comprendre que le chrétien est convaincu que Jésus est sauveur, et donc qu'Il sauve tous les hommes de toutes leurs galères. Vivre avec Lui ou sans Lui, ce n'est pas la même vie. Il ne faut pas l'entendre dans un sens négatif, mais positif.

Ce n'est jamais facile de prendre la décision d'annoncer autant que possible la foi en Jésus. C'est bien plus simple de rester au chaud dans sa foi de canapé et d'attendre que les autres viennent nous poser des questions. J'ai entendu lors d'une prédication cette phrase percutante attribuée au dominicain Timothy Radcliffe : « Un chrétien qui évangélise est un crucifié, un chrétien qui n'évangélise pas est déjà mort. »

Une mesure

Ce qui peut nous motiver dans cet effort de l'annonce, c'est de comprendre que c'est un excellent moyen pour grandir dans notre propre foi personnelle. En effet, comme le disait si bien le pape Jean-Paul II, la mission est la mesure de notre foi[1]. Vous rêvez d'avoir un moyen d'évaluer votre relation au Christ ? Vous voulez une règle vous permettant de mesurer votre foi personnelle ? Demandez-vous dans quelle mesure vous êtes habité par le désir de la partager et vous aurez un début de réponse.

Cette mesure peut être appliquée à toute l'Église : « Dans l'histoire de l'Église, le dynamisme missionnaire a toujours été un signe de vitalité, de même que son affaiblissement est le signe d'une crise de la foi[2]. »

L'hépatite F

Vous connaissez l'hépatite A, B et C, connaissez-vous l'hépatite F ? C'est la crise de Foi des chrétiens. Lorsqu'ils sont tout pâles, tristes, déprimés. Pour reprendre de l'énergie, pour guérir de leur crise de foi, il faut qu'ils prennent le chemin de la mission. L'évangélisation procure un formidable stimulant pour notre propre foi, comme le disait le pape Jean-Paul II : « La foi se fortifie lorsqu'on la donne[3]. » En effet, dans toutes nos démarches d'annonce de la Bonne Nouvelle, nous avons l'assurance de l'assistance du Saint-Esprit : « Ne vous inquiétez pas de

1. *Ibid.*, n° 11.
2. *Ibid.*, n° 2.
3. *Ibid.*, n° 2.

savoir comment parler ou que dire : ce que vous aurez à dire vous sera donné à cette heure-là , car ce n'est pas vous qui parlerez, c'est l'Esprit de votre Père qui parlera en vous » (Mt 10, 19-20).

Le chalumeau

Si vous êtes désormais convaincu que vous devez essayer de partager votre foi autour de vous, il vous suffit de prier pour avoir la sagesse et le discernement. C'est sans doute plus simple de parler de sa foi lors d'un BlaBlaCar qu'avec son collègue de bureau. L'essentiel, c'est d'être habité par ce désir de la partager, sans rien forcer. Il faut le faire avec tact. C'est ce qui manque souvent aux nouveaux convertis. Ils sont passionnés et font parfois des maladresses. J'explique cela par une nouvelle image, une parabole bonus, la parabole du chalumeau. Vous avez tous vu des films où on voit un braqueur ouvrir un coffre-fort avec un chalumeau. Quand il allume la flamme, elle est toute jaune et très grande, mais elle ne produit que du noir et n'est pas efficace. Le braqueur ajuste la sortie du gaz, et la flamme devient toute petite, bleue, et capable de percer les plus gros coffres-forts. Il en est ainsi de notre manière de proposer la foi. Il y a ceux qui parlent à tort et à travers, sans être mesurés. Ça « crame », mais ce n'est pas efficace et produit souvent l'effet contraire. Et il y a ceux qui parlent moins mais avec justesse, leurs paroles percent les cœurs les plus endurcis.

Un droit et un devoir

Décidons-nous à sortir de notre confort, à sortir de nos églises, de nos « on a toujours fait ainsi[1] », pour « rejoindre les périphéries[2] » comme nous y invite le pape François. Il nous recommande de ne jamais évangéliser par prosélytisme mais par attraction. Mais en même temps, il nous redit à sa manière ce que nous ont dit ses prédécesseurs : « Toute personne a le droit d'entendre la "Bonne Nouvelle" de Dieu, qui se fait connaître et qui se donne dans le Christ, afin de réaliser pleinement sa vocation. À ce droit correspond un devoir, celui d'évangéliser[3] ! »

Avec ses mots percutants, le pape François nous dit que nous ne pouvons plus seulement compter sur les autres pour évangéliser, nous ne pouvons plus nous contenter d'être de « simples disciples bons pratiquants », car être disciple, c'est être aussi missionnaire :

1. *Evangelii gaudium*, sur la joie de l'évangélisation, pape François, 24 novembre 2013, n° 33.
2. *Ibid.*, n° 20.
3. Congrégation de la doctrine de la foi. Note doctrinale sur certains aspects de l'évangélisation, 6 octobre 2007, sous le pontificat de Benoît XVI.

« Chaque baptisé, quels que soient sa fonction dans l'Église et le niveau d'instruction de sa foi, est un sujet actif de l'évangélisation, et il serait inadéquat de penser à un schéma d'évangélisation utilisé pour des acteurs qualifiés, où le reste du peuple fidèle serait seulement destiné à bénéficier de leurs actions.

La nouvelle évangélisation doit impliquer que chaque baptisé soit protagoniste d'une façon nouvelle. Cette conviction se transforme en un appel adressé à chaque chrétien, pour que personne ne renonce à son engagement pour l'évangélisation, car s'il a vraiment fait l'expérience de l'amour de Dieu qui le sauve, il n'a pas besoin de beaucoup de temps de préparation pour aller l'annoncer, il ne peut pas attendre d'avoir reçu beaucoup de leçons ou de longues instructions.

Tout chrétien est missionnaire dans la mesure où il a rencontré l'amour de Dieu en Jésus-Christ ; nous ne disons plus que nous sommes « disciples » et « missionnaires », mais toujours que nous sommes « disciples-missionnaires [1] ».

Oui, avec saint Paul, redisons-nous : « Malheur à moi si je n'annonce pas l'Évangile ! » (1 Co 9,16). Et donc bonheur à moi si j'évangélise !

---

1. *Evangelii gaudium*, sur la joie de l'évangélisation, 24 novembre 2013, n° 120.

CapMissio s'engage pour les jeunes

Éditions Plon : Père René-Luc, vous avez choisi de reverser vos droits d'auteur pour soutenir CapMissio, l'école de mission diocésaine de Montpellier que vous avez fondée en 2013 avec Mgr Carré. Pouvez-vous nous expliquer quel est le but de cette école ?

Père René-Luc : CapMissio répond à un double besoin. D'une part, nous avons une demande de beaucoup de jeunes chrétiens qui souhaitent être mieux formés sur le plan de leur foi. Ils veulent pouvoir répondre aux questions que leurs amis leur posent en soirée. D'autre part, nous avons une demande de l'Église. Elle souhaite rejoindre les jeunes et sait bien, comme disait Saint Jean Paul II, que « les meilleurs apôtres des jeunes sont les jeunes eux-mêmes ». Le problème, c'est que les jeunes sont pris par leurs études ou leur travail et n'ont pas de temps à consacrer à cette attente de l'Église. CapMissio répond donc à ce double besoin : former des jeunes et les envoyer pendant un an auprès des autres jeunes !

Est-ce que les jeunes continuent leurs études pendant leur année à CapMissio ?

Non, ils font une année de césure et mettent leurs études entre parenthèses pendant un an pour se consacrer à la formation et à la mission. Ils ont un statut d'étudiant. C'est une des particularités de CapMissio : ils sont inscrits au centre universitaire diocésain Guilhem-de-Gellone et reçoivent un diplôme d'initiation à la théologie.

Quels types de mission assurent-ils ?

Ils répondent à de nombreuses missions dans le diocèse qui peuvent être regroupées en trois domaines. Tout d'abord, ils interviennent dans le domaine de la solidarité. Chaque semaine, ils se rendent dans un camp de Roms pour faire du soutien scolaire et sont engagés dans plusieurs associations qui s'occupent de SDF. Ils rendent visite aux personnes âgées dans les maisons de retraite avec une attention particulière pour les prêtres âgés qui se réjouissent de voir que la mission continue chez les jeunes. Ils font des visites aux enfants dans les hôpitaux à Noël. Ensuite, ils sont actifs pour la mission étudiante. Dans cette grande ville de 70 000 étudiants pour 320 000 habitants, il y a de quoi faire ! Ils sont moteurs dans tous les temps forts de la Pastorale étudiante et animent un groupe de prière pour étudiants et jeunes pros à l'église Saint-Roch en centre-ville, et des veillées d'évangélisation. Également, dans le domaine de la Pastorale des jeunes, ils répondent à toutes les invitations à témoigner auprès des autres jeunes. Ils interviennent dans de nombreux établissements de l'enseignement catholique. Et pour finir, ils partent un mois en mission humanitaire à l'étranger, en partenariat avec l'Œuvre d'Orient, le plus souvent dans un hôpital en Terre sainte.

Comment fonctionnez-vous sur le plan financier ?

Le diocèse met à notre disposition le logement, mais nous devons trouver chaque année le budget de fonctionnement. La moitié est financée par des parrainages que les jeunes trouvent dans leur entourage. L'autre moitié provient de dons du diocèse et de toute la France. Tous les droits d'auteur de ce livre sont entièrement attribués aux actions missionnaires de CapMissio.

D'où viennent les jeunes qui s'engagent à CapMissio ?

Chaque année, nous en avons au moins un de Montpellier qui a découvert CapMissio pendant ses études, mais les autres viennent de toute la France. Nous avons le souci de former les jeunes dans un contexte diocésain pour qu'ils puissent s'investir dans leur diocèse à leur retour. Il faut reconnaître que le recrutement n'est pas facile. Il y a deux raisons à cela. La première, c'est que nous nous adressons à des jeunes qui ont déjà une foi bien solide, le plus souvent de familles « cathos » mais pour qui consacrer une année pour Dieu est synonyme de perte de temps dans le cursus universitaire. La seconde, c'est que d'une manière générale, en France, il n'est pas habituel qu'un jeune s'accorde une année de césure. Certaines formations intègrent tout au plus un semestre à l'étranger. En Allemagne, l'année de césure est une pratique très courante, tous les jeunes prennent une année pour s'investir dans un domaine associatif. J'espère que de plus en plus de jeunes comprendront combien cette Année pour Dieu est en fait une si belle année pour eux !

Est-ce que CapMissio existe ailleurs qu'à Montpellier ?

Il existe plusieurs écoles d'évangélisation similaires en France. Les deux plus anciennes sont l'école de la Communauté de l'Emmanuel à Paray-le-Monial et l'école Jeunesse Lumière dans le Tarn. Il y a une liste de ces Années pour Dieu sur le site de la conférence des évêques de France[1]. À l'heure où je vous réponds, il n'y a pas, à ma connaissance, d'autre école de mission fondée par un évêque qui s'inscrive dans la pastorale diocésaine comme nous le vivons à CapMissio. Mais de nombreux responsables diocésains nous

1. jeunes-vocations.catholique.fr

contactent pour s'inspirer de notre école. Si notre modèle est inspirant, c'est un bon signe ecclésial. Je ne redoute pas la concurrence, bien au contraire. Je suis persuadé que notre jeunesse de France serait véritablement enrichie si les proposions d'une Année pour Dieu se multipliaient sur tout le territoire. Cela appartient à Dieu et... à la réponse des jeunes !

Retrouvez CapMissio sur les réseaux sociaux :

Capmissio

Capmissio

Capmissio

YouTube Capmissio

Suivez l'actualité de CapMissio en vous abonnant à notre Capmissio News sur le site www.capmissio.com

Soutenez CapMissio en faisant un don ou en devenant parrain

Bulletin de soutien à télécharger sur :
wwww.capmissio.com

et à envoyer à :

CapMissio
3, avenue du docteur Pezet
34090 Montpellier

Email : contact@capmissio.com

Table

Retrouver Le Père René-Luc sur les réseaux sociaux :

Son Blog : www.dieuenpleincœur.com

Père René-Luc

Renelucpere

Père René-Luc

Pour en savoir plus
sur les Éditions Plon
(catalogue, auteurs, vidéos, actualités…),
vous pouvez consulter notre site Internet :
www.lisez.fr

et nous suivre sur les réseaux sociaux :

Editions Plon

@EditionsPlon

@editionsplon

Achevé d'imprimer en mai 2019
par Normandie Roto Impression s.a.s.
61250 Lonrai
N° d'impression : 1902091

Imprimé en France.